鏡が語る古代史

岡村秀典
Hidenori Okamura

Eurus
Notus
Boreas
Zephyrus

岩波新書
1664

はじめに

卑弥呼《ひみこ》の「銅鏡百枚」――多数の小国に分かれて争っていた日本列島の倭人《わじん》が、邪馬台国《やまたいこく》の女王卑弥呼のもとに結集し、西暦二三九年、中国王朝の魏《ぎ》に使いを送ったところ、魏の皇帝から返礼として贈られたものである。かわって近代、いまから一〇〇年ほど前に、それを日本の古墳から大量に出土する三角縁神獣鏡《さんかくぶちしんじゅうきょう》に比定したのが京都大学の富岡謙蔵《とみおかけんぞう》である。その後、日本では邪馬台国論争、ひいては日本の国家形成論において鏡が大いに注目されている。

わたしたちが日常的に使っているガラス製の鏡は、手鏡や洗面台、ドレッサーのほか、車のルームミラーとサイドミラー、道路のカーブミラーなど、いろいろなところで使われている。そのように身近な鏡が、なぜ古代では国と国との外交儀礼で重要な役割をはたしたのか。そもそも銅製の鏡は、いつごろ生まれ、どのようにつくられ、使われてきたのだろうか。本書では、日本の鏡のルーツである中国古代の銅鏡を軸に、歴史だけでなく、文学や思想とのかかわりにも関心をひろげながら、その沿革を探ってみたいと思う。

古代の銅鏡に関心がもたれるようになったのは、いまから一〇〇〇年も前にさかのぼる。中国のルネサンスといわれる北宋《ほくそう》時代（九六〇～一一二七）、文人官僚たちは古代にならった儀礼制度への改革を進めるため、地中から掘り出された古代の銅器や石碑を珍重し、そこに刻まれた文字を研究するようになった。それが金石学《きんせきがく》のはじまりである。

北宋随一の詩人である蘇軾《そしょく》（蘇東坡《そとうば》）は、一〇八〇年、湖北に左遷される道中で古鏡一面を手に入れ、その銘文《めいぶん》を読んで漢代の鏡とみなし、字形や地金《じがね》などの特徴について書き記した。風流天子《ふうりゅうてんし》という渾名《あだな》をもつ徽宗《きそう》（在位一一〇〇～一一二五）は、宮中の宣和殿《せんわでん》に書画《しょが》骨董《こっとう》を集め、黄伯思《こうはくし》らに命じて古銅器の図録を編纂させた。その『博古図録《はっこずろく》』には一一二面の古鏡を集め、鏡の描き起こし図、銘文の釈文《しゃくもん》、面径、重さを記し、鏡の文様は宇宙の表象という考えにもとづいて、有形なる天地にはじまり、無形なる純質に終わる八形式に分類している。

また、天文学や医学など自然科学に造詣の深い沈括《しんかつ》は、一〇九〇年ごろ随筆の『夢渓筆談《むけいひつだん》』を著し、古鏡における凸面《とつめん》鏡と凹面《おうめん》鏡、透光《とうこう》鏡（いわゆる魔鏡）の光学的原理について検討した。沈括は古代の技術に敬意を払い、透光鏡について次のようにいう。

世の中に透光鏡というものがある。背面に二〇字ばかりの古めかしい文字があり、鏡面に太陽光を反射させ、室内の壁に投射すると、背面の文様や文字がはっきりと映し出される。鏡を鋳造したとき、薄いところは早く銅が固まり、厚くなった文様の部分はゆっくりと固まるために、銅の収縮率が一様ではなく、文様が背面にあるといっても、それが鏡面の微妙な凹凸としてあらわれるからである。我が家にある透光鏡の三面は、みな同じような文様と文字をもつが、そのほかは薄い鏡であっても光を通さない。思うに、古代の工匠は独自の技術をもっていたのだろう。

南宋《なんそう》時代(一一二七〜一二七九)の文人たちの間では、このような鏡を含む古銅器の収集と賞玩《しょうがん》がますます流行し、古銅器の色や光沢、腐食の具合、銘文の形などをもとに年代や真贋《しんがん》がさかんに論じられた。それは教養ある文人のたしなみでもあった。

清《しん》代(一六四四〜一九一二)になると、語音と字義の分析から古典籍を正確に理解しようとする考証学が発展し、その中で古銅器の銘文が注目されていった。乾隆帝《けんりゅうてい》(在位一七三五〜一七九五)は多数の古銅器を宮中に収蔵し、『西清古鑑《せいせいこかん》』など三種の図録に計四〇〇面ほどの古鏡を収録した。また、古文字に造詣の深い銭坫《せんてん》は、一七九七年、私蔵する古鏡二五面を図録にまとめ、前漢鏡の「秋風起」「君有行」「精白」などの叙情的な銘文について釈読を試みた(銘文の内容については第二章参照)。

二〇世紀になると、清朝の高官であった羅振玉《らしんぎょく》が鏡の銘文一九〇例あまりを集成し、それをもとにスウェーデンの言語学者カールグレンは、句末の押韻《おういん》に注意しながら、それぞれの銘文を詳しく解釈した。中国では三〜六世紀に北方の遊牧民族が大挙して南下し、諸民族の融合によって漢語の発音が大きく変化したことから、韻を踏んだ鏡の銘文は、変化前の上古音《じょうこおん》を研究する恰好の言語資料であったからである。

このように中国やヨーロッパでは、二〇世紀はじめまで古鏡の賞玩と銘文の読解が進められたのに対して、日本では古くから鏡が〝三種の神器〟の一つとして重んじられ、実際に古墳から大量の鏡が出土していることから、もっぱら歴史的な関心を引いてきた。

江戸時代の一八二二年、怡土《いと》郡三雲《みくも》村(福岡県糸島市)から多数の銅鏡が出土した。福岡藩の青柳種信《あおやぎたねのぶ》はさっそく現地を調査し、遺跡と出土品について詳しく記録した。それによれば、農民が土を掘っていたところ、口を合わせた二個の素焼《すや》き甕《かめ》(いわゆる甕棺《かめかん》)から大小三五面分の鏡のほか、銅矛《どうほこ》や勾玉《まがたま》などが出土し、重なった鏡と鏡との間には円盤状のガラス璧《へき》が差し挟まれていたという。

青柳はさらに、古銅器の鑑識を論じた南宋の趙希鵠《ちょうきこく》『洞天清録《どうてんせいろく》』(一二四二年ごろ)など宋・明《みん》代の漢籍を博捜して三雲の出土鏡を漢鏡とみなし、中国の習俗にならって多数の鏡を墓に副葬したものであり、『魏志』倭人伝に記されるような交流によって中国から大量の鏡が舶載されたと推測した。かれは本居宣長《もとおりのりなが》門下の国学者であり、それが中国鏡か和鏡か、日本史の中にそれをどのように位置づけるのかに、主たる関心があったのである。出土鏡を日本史の文脈でとらえる視角は、ここにはじまったといってよい。

西洋から近代考古学の研究法が導入されると、東京帝室博物館（いまの東京国立博物館）の三宅《みやけ》米吉《よねきち》は、「古鏡」と題する論文を『考古学会雑誌』第一編（一八九七年）に発表した。そこでは日本の古墳から出土した漢・六朝《りくちょう》代の鏡を分類し、鈕座《ちゅうざ》や内区などの部分名称を定めた。しかし、銘文は「大抵《たいてい》　無学の工人が時に随《したが》て定文句を綴《つづ》り合《あわ》せたるものなるべし」と断じるなど、古代への憧憬にはじまる中国の金石学とは一線を画する姿勢を明らかにした。

その後、富岡謙蔵は漢・六朝鏡の編年をはじめて組み立て、三角縁神獣鏡を三世紀の魏《ぎ》・晋《しん》鏡と考証し、冒頭に述べたように、それを卑弥呼の「銅鏡百枚」に比定したのである。

しかし、日本における鏡の研究は、たかだか一〇〇年、青柳種信から数えても二〇〇年に満たない。しかも、戦後は考古学の方法にもとづいて鏡の文様を中心とした研究が深められ、二〇世紀における羅振玉やカールグレンらの研究ですら、顧みられることはほとんどない。

そこで本書では、忘却された一〇〇〇年の本流に読者をいざない、鏡に刻まれた銘文の一字一句、図像と文様のそれぞれを読み、鏡が語る生の声に耳を傾けてみたい。それは必ずや読者のみなさんにも届き、古代に暮らした一人ひとりの生き方が鏡からみえてくると信じている。

目次

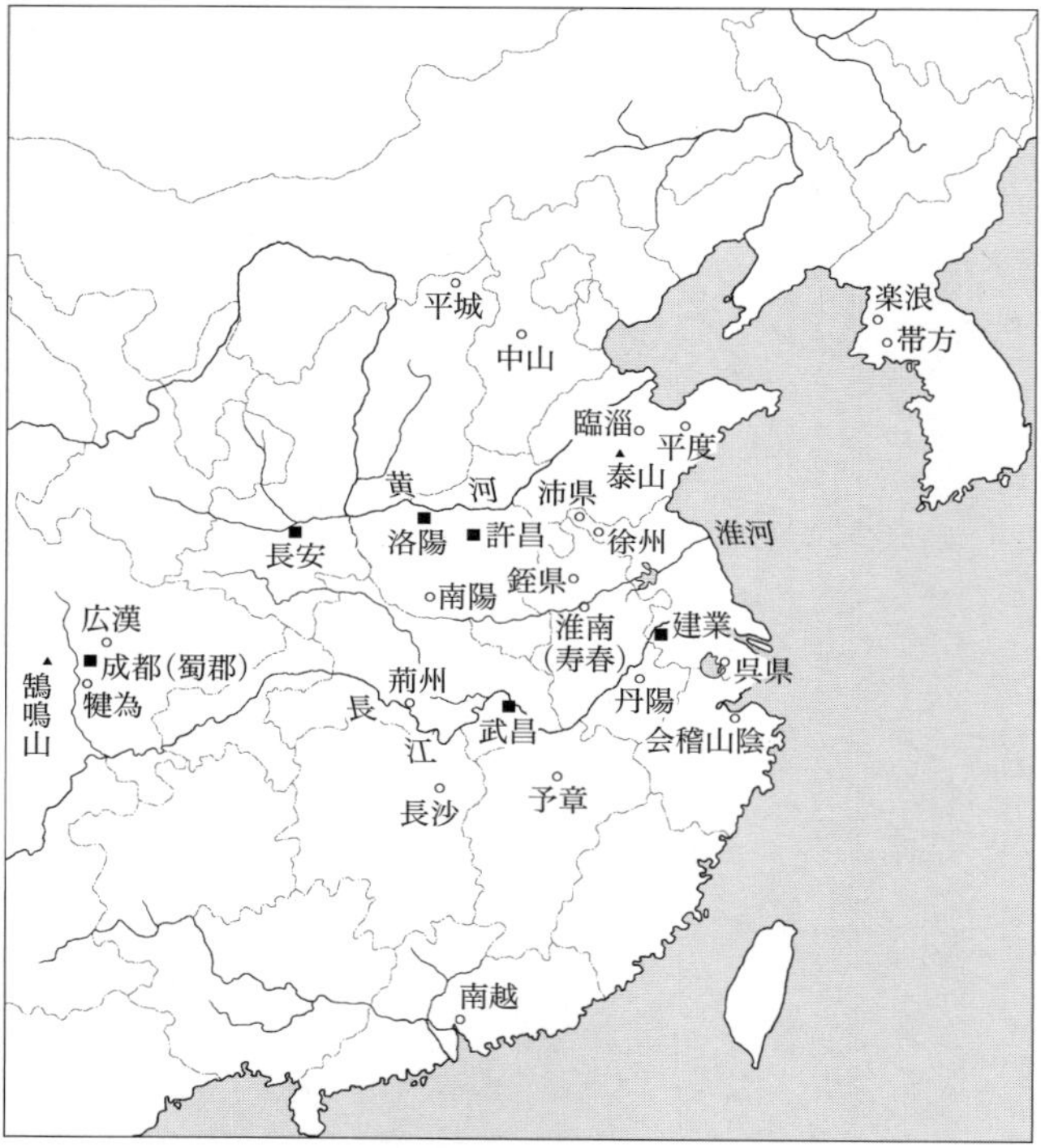

漢三国時代の都市(■都，○郡国県)

第一章　鏡はどのように使われたか

最古の銅鏡

東アジアにおける青銅器の出現は、紀元前三千年紀後半にさかのぼる。黄河上流域の斉家《せいか》文化では工具類を中心に多くの銅器が出土し、チベット高原に近い青海《せいかい》省尕馬台《がばだい》二五号墓では、被葬者の胸の位置から銅鏡一面が出土している。墓の年代は前二〇〇〇年ごろに下るが、鏡は径九センチ、背面に光の輝きをあらわす星形の文様がある（図1上）。中央の鈕《ちゅう》（紐《ひも》を通すつまみ）が破損したため、周縁の近くに二孔をあけており、首から紐で吊り下げていたのだろう。合金成分は銅九〇、錫《すず》一〇パーセント、白銅色からほど遠い赤みがかった色になるため、これで顔を映すのはむずかしかったと思われる。

前二千年紀後葉の殷《いん》後期になると、銅鏡の出土例が多くなる。都のあった河南《かなん》省殷墟《いんきょ》では、殷王武丁《ぶてい》の夫人とされる婦好《ふこう》の墓から四面の銅鏡が出土している。径は七～一三センチと小さく、いずれも鏡面はほぼ平らで、背面中央に半環状の鈕がある。そのうち大型鏡の背面には外区に連珠文《れんじゅもん》があり、放射状に区画した内区には矢羽根状の文様を入れている(図1下)。斉家文化例の星形文と同じように、その文様は光の輝きをあらわしているのだろう。

兵庫県立考古博物館が二〇一四年に受贈した千石《せんごく》コレクションの中に、周縁が歯車のようになった銅円盤が一面ある(図2上)。径二二センチと大きく、背面の中心から少し偏ったところに小さな鈕がある。表側は凹帯で内外二区に分け、内区は鏡面のように平らで文様がなく、外区にはトルコ石を象嵌《ぞうがん》した矢形を放射状に配している。歯車や矢の形は光を象徴しているのだ

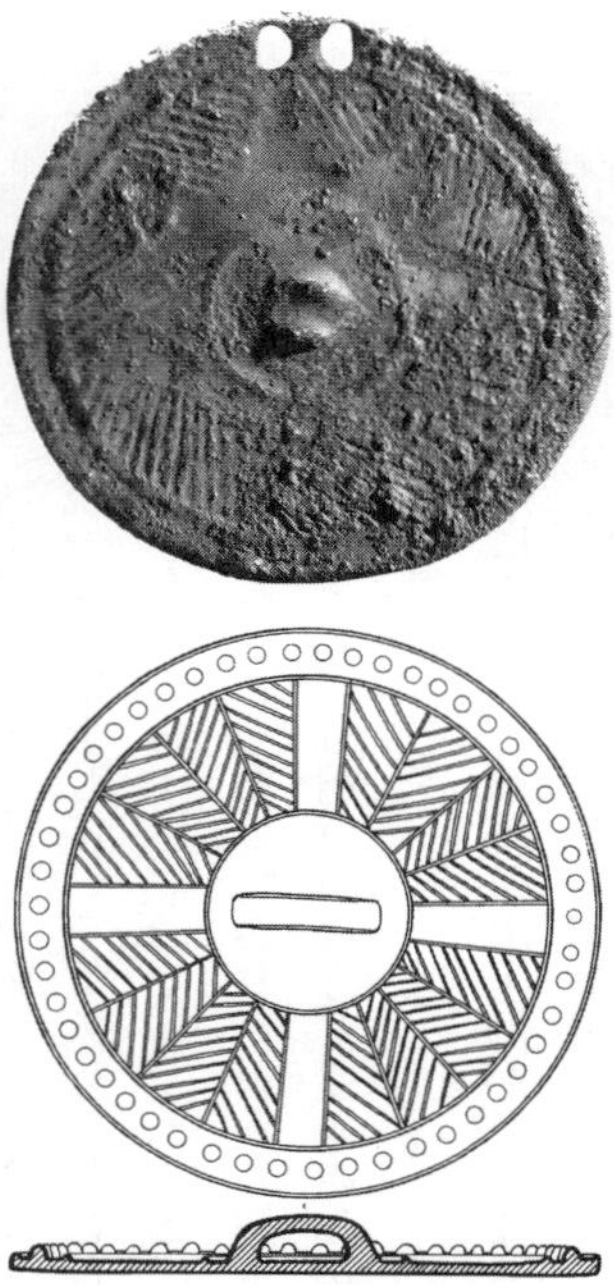

図1　紀元前2千年紀の銅鏡
上：青海省尕馬台25号墓出土
下：河南省殷墟婦好墓出土

ろう。歯車状の周縁は山西省《さんせい》陶寺《とうじ》遺跡から出土した前二〇〇〇年ごろの銅環《どうかん》に、トルコ石の象嵌は河南省二里頭《にりとう》遺跡から出土した前一七世紀ごろの銅円盤(図2下)に類似することから、これは前二千年紀前半に黄河中流域の二里頭文化で制作されたものと考えられる。

　これは鏡のような円盤形だが、鈕が中心になく、背面に布が付着していることから、首から吊り下げるか、衣服などにとじつけた装身具であったのだろう。二里頭遺跡の銅円盤も布におおわれた状態で出土している。表面に象嵌文様があることからみても、顔を映す鏡ではなく、

図2　二里頭文化の銅円盤
上：千石コレクション
下：河南省二里頭 VK4 号墓出土
(X 線透過写真)

太陽の光を反射させて人びとを幻惑させるような呪具として用いられた可能性が高い。

二里頭文化は殷に滅ぼされた夏《か》王朝に比定され、その青銅器はほとんどが殷に継承されている。しかし、この銅円盤の形と大きさ、象嵌による文様などは、以後の鏡に継承されていない。むしろ斉家文化の銅鏡が、殷以後の中国鏡の源流になったと考えられる。中国青銅器文化の起源をめぐっては、中国自生説と西方からの伝来説とが対立しているが、このような系譜からみて、銅鏡は西アジアから中央アジアをへて伝わってきた可能性があろう。

殷周時代の礼器と鏡

青銅とは、銅合金をいう。最初のころは自然銅を用いて小さな工具などがつくられていたが、紀元前三千年紀に鋳造技術が出現すると、合金の性質についての理解が深まっていった。銅に錫や鉛を混ぜることによって融点が下がり、鋳造しやすくなる。純銅は十円硬貨のような赤色を呈し、比較的軟らかいが、錫を増すことによって色が白くなり、硬くなっていく。このため、前二千年紀後半の殷代には、用途に応じて銅と錫の配合率を変えることがはじまった。

紀元前に成立した『周礼《しゅらい》』考工記《こうこうき》は、銅と錫の配合比に六段階あるという。すなわち、錫の少ない順に、楽器の鐘《かね》と炊器の鼎《かなえ》、木を切削する斧《おの》と斤《ちょうな》、長柄の武器である戈《か》と戟《げき》、長い刃をもつ刀剣、小刀の削《さく》と武器の鏃《やじり》であり、もっとも錫の多いのが鑑《かん》と燧《すい》、つまり鏡である。宮廷儀礼に用いる礼楽器は錫が少なく、鏡は鋭利な刃をもつ工具や武器よりも錫が多いというのである。梅原末治《うめはらすえじ》らが歴代の鏡を分析したところ、およそ戦国時代(前四五三～前二二一)の鏡は銅七五、錫二五パーセント、漢～唐の鏡は銅七〇、錫二五、鉛五パーセント前後である。

「国の大事《だいじ》は祀《し》と戎《じゅう》にあり」(『春秋左氏伝《しゅんじゅうさしでん》』成公十三年条)といわれたように、祭祀《さいし》と戦争は古代国家の根本であり、その礼楽器と武器・車馬具は青銅でつくられた。青銅器が古代国家を維持するもっとも重要な資財とされる所以である。

しかし、銅鏡は礼楽器より早く出現したとはいえ、殷周時代の作例はあまり多くない。また、儀礼について記した『礼記《らいき》』や『儀礼《ぎらい》』などの儒教経典には、青銅の酒器・食器・炊器・楽器などにかんする記述が豊富にあるが、祭祀儀礼において鏡はほとんど用いられていない。礼楽器と鏡とでは、用いられた時代と使われ方がちがっていたのである。

鏡の鋳造

春秋時代(前七七〇～前四五三)に晋《しん》国の都があった山西省侯馬《こうば》市では、青銅器鋳造遺跡が発掘され、礼器・楽器・武器・工具・車馬具・鏡・貨幣などの鋳型《いがた》が五万点あまり出土した。鋳型

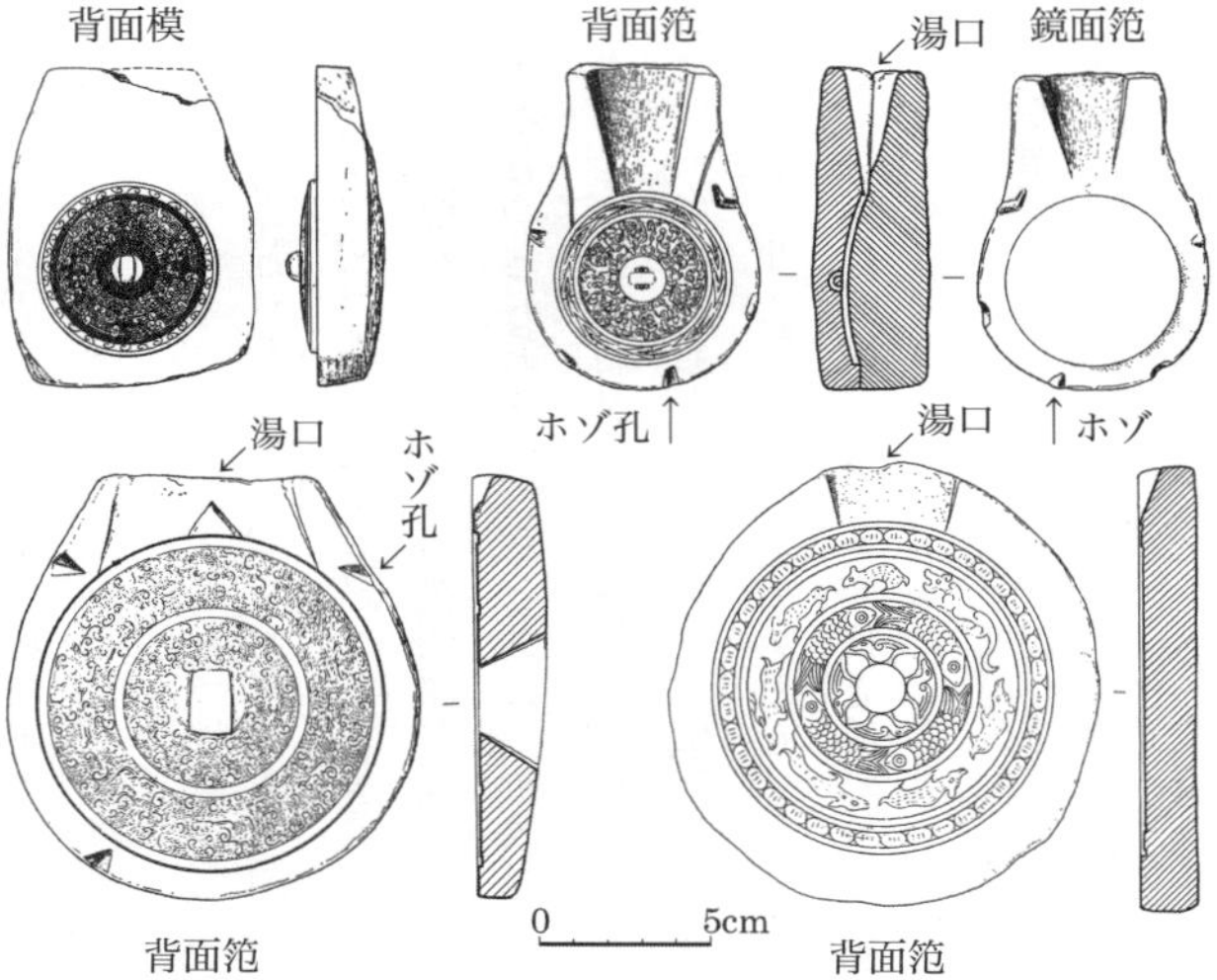

図3　山西省侯馬出土の鏡の鋳型(前5世紀)

には〝模《も》〟と〝笵《はん》〟の二種類があり、すべて細かい粘土を焼いてつくられている。模とは模型（原型）であり、これに粘土を押し当てて笵（鋳型）をつくるのである。円盤状の鏡を鋳造するには、鏡面側の笵と鈕を含む背面側の笵とを組み合わせ、その隙間に熔かした銅合金（湯《ゆ》）を注入する。ふつうの鏡面は平らなので、鏡面側の笵に彫刻はないが、背面側の笵は鏡体の分だけ彫り凹め、鈕や文様を彫刻している。

　ここから出土した凹面鏡の模は、厚い粘土板に鏡の背面模が貼り付けられている（図3左上）。鈕の突起が中央にあり、周縁と内区の全面に文様が刻まれている。これを型取りした笵はみつかっていないが、これとは別に、凹面鏡の組をなす鏡面笵と背面笵が出土している(図3右上)。銅を流し入れる湯《ゆ》口《ぐち》は、両笵とも漏斗《ろうと》形に彫り凹め、背面笵には鏡の鈕と文様を刻み、鏡面笵は鏡体の厚さが均一になるよう背面に合わせて球面状に隆起している。また、両面の笵を合わせたときに位置がずれないよう、笵の縁にホゾとホゾ孔がつくられている。このような凹面鏡の鋳型は、いずれも小さく、完成後の鏡径は五センチほどである。

これに対して鏡面の平らな通常の鏡は、その二倍の大きさがある。鈕の部分を別に組み合わせた背面笵があり、その湯口は二叉《ふたまた》に分かれ、卵形になった周縁の三か所に鏡面笵と合わせるためのホゾ孔がある(図3左下)。漢以前の銅鏡は総じて薄手であり、これでつくられた鏡も厚さが一ミリほどであったと思われる。

前五世紀ごろの侯馬Ⅱ一三号工房跡では、いまみた一組の凹面鏡笵と鼎や壺など各種の鋳型のほか、同一の模から起こした背面笵が三点出土した(図3右下)。文様は内側から四《し》葉文《ようもん》・魚文・獣文・貝文を同心円状にめぐらせている。いずれも熔かした銅を流し込んだ痕跡がなく、鈕や湯口を彫っていない鋳型があることから、未完成のまま工房内に廃棄したものらしい。

この侯馬遺跡で注意すべきは、同一工房内で鼎や壺など各種の銅礼器といっしょに鏡が鋳造されていたことである。このため、鏡の文様も銅礼器と共通している。粘土で模をつくり、そ

図4　草葉文鏡の鋳型（山東省臨淄，前2世紀）

こから笵を起こす方法も、銅礼器の制作法と同じである。礼器の生産は王権によってコントロールされていたから、宮廷の祭祀儀礼において銅鏡は用いられなかったとはいえ、青銅器の生産システムの中に銅鏡の制作も組み込まれていたことがわかる。

　戦国時代の燕《えん》国の都（河北《かほく》省燕下都《えんかと》）では前三世紀の山字《さんじ》文《もん》鏡の笵、前漢時代（前二〇二～後八）斉《せい》国の都（山東省臨淄《りんし》）では前二世紀後葉の草《そう》葉《よう》文《もん》鏡などの笵が多数採集されている（図4）。いずれも鏡以外の鋳型は発見されていない。近年、臨淄故城内の鋳造遺跡が試掘され、出土した一八〇点あまりの鋳型はすべて鏡笵であった。このため、それは鏡の鋳造に特化した工房であった可能性が高い。しかも、鋳造関係の遺構は、すべて同じ文化層にあり、侯馬遺跡のように長期間にわたって操業していたわけではない。鏡の制作技術においても、模が出土していないことから、笵に直接文様を刻んで鋳造する方法に変化したと考えられる。

戦国時代を境に銅礼器を用いた祭祀儀礼が衰退し、日用品としての銅鏡の需要がしだいに高まってきた。これに連動して鏡がほかの青銅器生産から独立して制作されるようになったのであろう。とくに前漢時代になると、作鏡工房の独立性がいっそう強まって、鏡に銅礼器と共通する文様がなくなり、宇宙をあらわす独自の図像文様が出現するのである。

「鑑」と「鏡」

「かがみ」の文字について、中国の古典籍には「鑑《かん》(鑒)」または「鏡《きょう》」が用いられている。「鑑」について後漢の許慎《きょしん》『説文解字《せつもんかいじ》』巻一四上は、「鑑、大盆なり」という。春秋戦国時代には「鑑(監)」と命名される大盆形の銅礼器があり、たとえば春秋末期に呉王夫差《ごふさ》のつくった銅鑑には「御監《ぎょかん》」と記され、両側に把手《とって》(耳《みみ》)をもつ。口径およそ七〇センチ、深さ四〇センチの大きさである。「鑑」字の金偏は金属をあらわし、「監」字は「皿」の上に下向きの目をかたどった「臣」と「人」からなる。金属の皿(大盆)に張った水面に顔を映す「水かがみ」が本来の字義であり、王侯貴族が祭祀儀礼に用いる銅礼器であった。

一方、「鏡」の字は『説文解字』に「鏡、景《けい》なり」とあり、清の段玉裁《だんぎょくさい》は、「鏡」は「景」と同音で、光り輝く金属を意味するという。それが銅鏡を指すことはいうまでもない。

後述のように、儒教経典は「鑑」の字がほとんどで、「鏡」の字は道家《どうか》の『荘子《そうじ》』など戦国時代になってから出現し、漢代にはもっぱら「鏡」字が用いられている。武帝《ぶてい》代(在位前一四一〜前八七)に淮南《わいなん》王劉安《りゅうあん》が編纂した『淮南子《えなんじ》』では「鑑」と「鏡」は区別されているが、しだいに「水かがみ」が実用されなくなったため、両字は同一視されるようになっていった。

その後、宋を開いた太祖趙匡胤《ちょうきょういん》(在位九六〇〜九七六)の祖父は名が趙敬《ちょうけい》であるから、宋代には「敬」と同音の「鏡」字を避けて「鑑」字が用いられた。中国では本名(諱《いみな》)で呼ぶことを避ける習慣があったからである。その時代をのぞけば、中国でも日本でも「鏡」が一般的であり、「鑑」は少ない。しかし、本来の字義のちがいには留意しておく必要がある。

このほか火おこしに用いる鏡は「燧」または「陽燧《ようすい》」と呼ばれた。儒教経典の『周礼』司寇《しこう》には「司烜氏《しきし》は燧を用いて日に明火を取り、鑑を用いて月に明水を取る」とあり、「燧」は太陽光を反射させて火をおこす凹面鏡で、「水かがみ」の「鑑」と対にされている。オリンピックの聖火は、今日でもギリシアで凹面鏡を用いて点火されている。

儒家と道家の言説

古典籍には「鑑」と「鏡」の両方が用いられたが、漢以前の儒教経典は「鑑」がほとんどである。しかも形を映すはたらきの比喩として政治を「鑑《かんが》みる」という用例が多い。たとえば『尚書《しょうしょ》（書経）』酒誥《しゅこう》には、殷が天命を失ったことにかんして「人は水を鑑《かがみ》とするのではなく、民を鑑としなければならない」という古人のことばが引かれている。儒家はこのように歴史を手本とする政治思想をしばしば説いた。北宋の司馬光《しばこう》が編纂した『資治通鑑《しじつがん》』や、日本の『大鏡《おおかがみ》』以下の歴史書に「鑑」や「鏡」のタイトルがあるのも、この考えにもとづいている。

これに対して戦国時代の『荘子』は、「鏡」の字をはじめて用い、「至人《しじん》の心を用いるや、鏡のごとし」とあるように、道を体得した聖人の象徴としている。『淮南子』俶務訓《しゅうむくん》にも「誠に清明の士の、玄鑑《げんかん》を心に執《と》り、物を照らすこと明白なるを得る」とある。この「玄鑑」は「水かがみ」であり、それに聖人の清らかな心をなぞらえている。

漢代にいたって、前二世紀中葉の安徽《あんき》省阜《ふ》陽双古《ようそうこ》堆《たい》一号墓から出土した『万物《ばんぶつ》』という竹簡《ちくかん》文書には「事《こと》到れば大鏡を高く懸けるなり」と記されていた。精白なる鏡には目にみえない現象でも映し出すはたらきがあると考えられ、災いが起こったときには、大きな鏡を高くかかげて不祥をしりぞけるというのである。『万物』は医薬・物理・物性《ぶっせい》にかんする書物で、その思想は道家に近い。これは鏡を魔除《まよ》けに用いた最古のテキストとして重要である。

先述のように鏡の需要が増大することによって、各種の青銅器を鋳造する大規模な工房から、鏡づくりに特化した工房が独立し、それにともなって鏡の文様が大きく変化した。『万物』にみえる鏡の呪術的な使用法が生まれたのも、このような作鏡体制の変化によるものであろう。

副葬品リストと鏡

秦の始皇帝（在位前二二一～前二一〇）より以前、中国は七国が相い争う戦国時代であった。そのうち長江中流域に勢力をもったのが楚《そ》国である。西周《せいしゅう》時代の前一〇〇〇年ごろから楚の名が青銅器の銘文にあらわれ、春秋時代の前七世紀末には「鼎の軽重を問う」（『春秋左氏伝』宣公三年条）大国に発展した。それは楚の荘《しょう》王が周の伝国の宝器である九つの銅鼎を楚に持ち出し、天下を奪う野心を示したことをいう。

戦国時代の楚の都は長江中流域の荊州《けいしゅう》（湖北《こほく》省）にあった。都に近い包山《ほうざん》二号墓は、前三一六年に埋葬された楚の王族墓で、ここから竹簡に書かれた遣策《けんさく》（副葬品リスト）が出土した。それには「二鑑」とあり、奩《れん》という低い円筒形の漆箱に方形銅鏡（辺一一センチ）と円形銅鏡（径一五センチ）の二面が納められていた。この漆奩内には香料の山椒《さんしょう》の実が充満し、骨製のかんざし二点、二枚貝一対、白粉《おしろい》を肌につける絹製パフなどの化粧具がともなっていた。

また、ほぼ同時期の湖北省望山《ぼうざん》二号墓から出土した遣策には「一大監（鑑）」とあり、径一四・五センチの銅鏡一面が出土した。このため、前四世紀の楚では銅鏡を「鑑」と記し、男性貴族も姿見の化粧具として鏡を用いていたことがわかる。

長沙相夫人の化粧箱

一九七二年、湖南《こなん》省長沙《ちょうさ》馬王堆《まおうたい》一号墓から生けるが如き女性の遺体が発見され、世間を驚かせた。女性は前漢はじめに長沙国の首相であった軑侯利蒼《たいりそう》(在位前一九三〜前一八六)の夫人で、前一八六年に没した利蒼は二号墓に、前一六八年に没した息子は三号墓に埋葬され、一号墓の軑侯夫人はその少し後に埋葬されたらしい(墓の番号は発掘順)。遺体解剖の結果、夫人の年齢は五〇歳前後、やや肥満気味で、多発性胆石症と動脈硬化症、各種の寄生虫症をわずらい、夏にマクワウリを食べて二、三時間後に亡くなったことが判明した。

ここにも副葬品リストの遺策があり、第二四一簡には「大鏡一」、第二四二簡には「小鏡一、有衣」とあったが、実際に発見されたのは、後者の一面だけであった。すでに「鑑」字は「鏡」字にかわっていることに注意したい。

発見された「小鏡」は、三体の龍をあらわした蟠螭《ばんち》文《もん》鏡で、径二〇センチ、鈕には深紅《しんく》の長い帯二本を結び、「鏡衣《きょうい》」という筒状の大きな絹布で包まれていた(図5)。一方の「大鏡」には第二六四簡に「素長寿(綉《しゅう》)鏡衣一、赤縁大」とあり、「長寿綉(繍《しゅう》)」という刺繡で飾られた「鏡衣」がともなっていたらしい。銅鏡は漆奩内に納められ、ほかに小さな奩が五箱、鏡をぬぐう擦《さつ》が一点、木櫛《きぐし》二点、刷毛《はけ》三本、角《つの》製のかんざしと毛抜《けぬ》き各一本、角製の刀子三本、印章一点がともなっていた(図5)。擦は、赤色の絹と錦を円錐台形に縫い合わせ、中に糸くずを詰めたもので、底径・高さとも五センチほどである。遣策の第二四三簡に「所以除鏡一」とあり、鏡面のくもりを取りのぞくのに用いられた。櫛はふつう歯の粗い「梳(疎)《そそ》」と細かい「比《ひ》」とがセットになり、遣策の第二三六簡には「疎比一具」とあった。歯の細かい「比」はシラミやその卵をこそげ取る櫛である。印章には「妾辛《しょうしん》□」の三字があり、夫人の名前を刻んだのであろう。印章を化粧箱に入れた例はほかにもあり、故人にとって化粧箱は重要なものであったことがうかがえる。また、小さな奩の二箱にはそれぞれ山椒と香草の類が入っていた。山椒は包山二号墓にもあり、香料として用いられたのであろう。

前漢はじめの馬王堆漢墓には、楚文化の影響がまだ色濃くのこっている。包山二号墓から一五〇年ほど経過し、銅鏡の表記が「鑑」から「鏡」に変化したが、鏡を化粧具といっしょに漆奩に納める風習はそのまま継承されている。

馬王堆から四〇〇年あまり下った西晋代(二六五〜三一六)の江西省《こうせいしょう》永外正街《えいがいせいがい》一号墓は、被葬

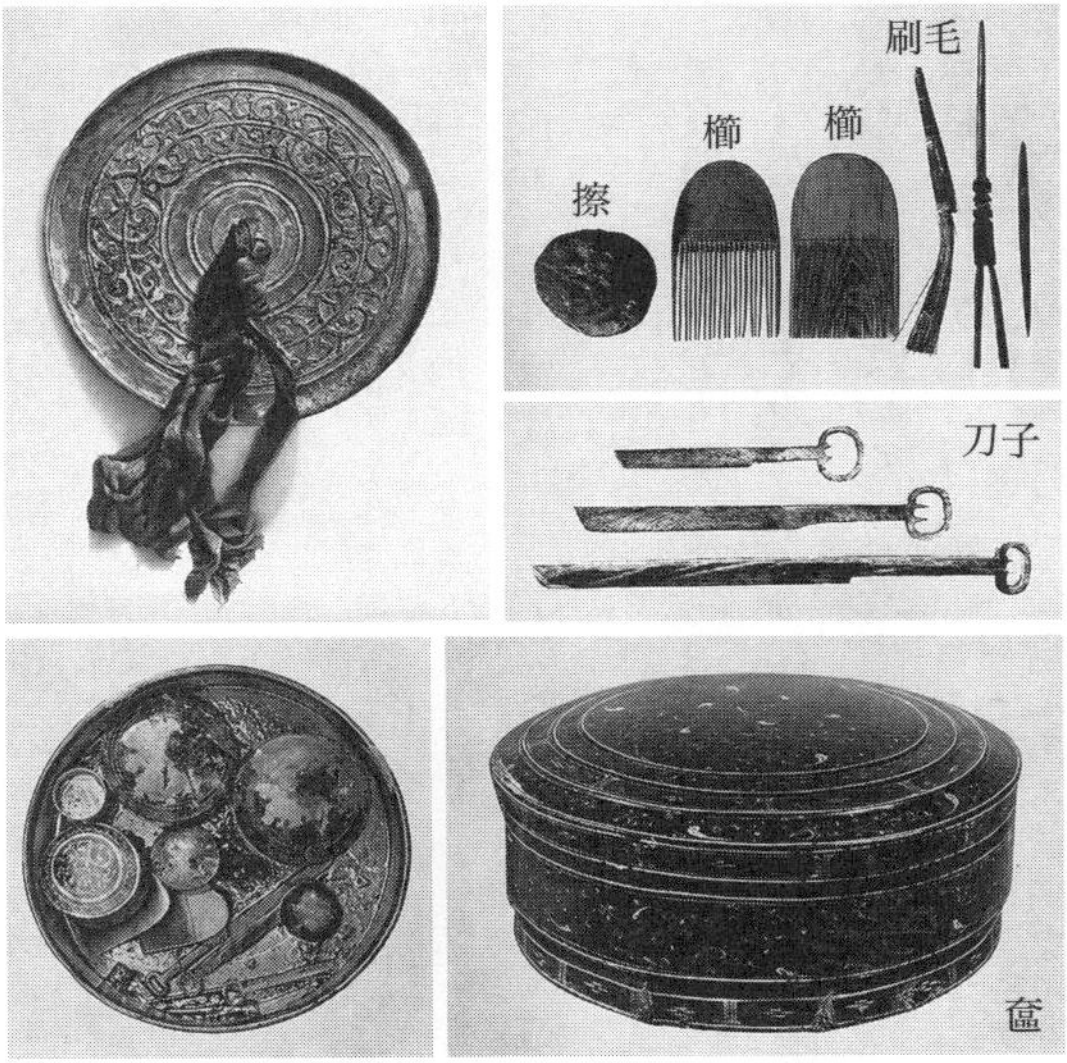

図5　湖南省馬王堆1号墓の化粧箱

図6　伝顧愷之作「女史箴図巻」

者は「呉応」という名の下級官吏で、七三歳という高齢で没したが、副葬された遺策には「故《もと》の銅鏡一枚／故の白い練《れん》(喪祭用)の鏡衣一枚／……／故の練の細い櫛二枚」とあり、木棺内から銅鏡一面と木櫛二点などが出土している。老人男性も銅鏡を用いたのである。

故人をしのぶ遺品

後漢の明帝《めいてい》(在位五七〜七五)が父の光武帝《こうぶてい》陵に参拝したとき、陰《いん》皇太后(明帝の生母)が生前に使用していた「鏡奩《きょうれん》」をみて涙を流し、「脂沢《したく》装具」を取り換えたという(『後漢書』光烈陰皇后紀)。化粧箱の「鏡奩」が故人をしのぶ重要な遺品であり、鏡が「脂沢」という化粧品とセットになって「奩」に納められていたのである。

楽浪《らくろう》郡の役所が所在した北朝鮮ピョンヤン市では、一世紀後半の王盱《おうく》墓から漆奩が出土し、鏡のほか、滑石《かっせき》や鉛《なまり》でつくられた白粉、樹脂と蠟《ろう》を混ぜたポマードのような沢《たく》が、それぞれ小さい盒子《ごうす》に入っていた。被葬者の王盱は郡の官吏で、この墓には成人女性二人と小児一人が合葬されていたが、この「鏡奩」は王盱に副葬されたものと考えられている。

また、タクラマカン砂漠の南にある新疆《しんきょう》ウイグル自治区ニヤ遺跡では、木棺墓にミイラ化した男女の合葬遺体や副葬品がほぼ完全にのこっていた。女性の頭部近くには籐《とう》を編《あ》んでつくられた奩が副葬され、その中にはポーチ状の袋に包まれた後漢後期(二世紀)の銅鏡一面、木櫛二点、白粉袋などが納められていた。鏡の鈕には緑色の絹帯が通され、全長は二五センチ、両端を結んで環をつくっていた。鏡袋は綾と絹を縫い合わせ、白粉袋は五色の絹糸で雲気文《うんきもん》を刺繍していた。被葬者は漢人ではない在地の有力者とみられるが、奩の形や素材はちがうとはいえ、鏡を含む化粧具のセットは共通していた。

このように中国の古代では鏡を「鏡衣」に包んで化粧箱に収納するのが通例であった。日本の古墳出土鏡にしばしば布が付着しているのも、こうした中国の風習が伝来したのだろう。

鏡の使い方

化粧具として鏡を用いるには、手鏡としてもつ場合とスタンドに鏡を立てかける場合とがある。東晋《とうしん》(三一七〜四二〇)の顧愷之《こがいし》の作と伝える「女史箴図巻《じょししんずかん》」(大英博物館蔵)には、同一場面にその両方が描かれている(図6)。これは西晋の張華《ちょうか》が説いた女官の心得(女史箴)を描写したひとこまであり、横には容姿を飾るよりも心を磨くよう戒める詞書《ことばがき》がある。

ここには化粧をする二人の女性が坐っている。右の女性は左手に鏡をもち、すでに結わえた髪を右手で整えている。左の女性は髪を結わえる前の段階で、両手を合わせて鏡台の前に坐り、後ろに立つ侍女に櫛で長い髪をといてもらっている。鏡台は一本の長い柄が立ち、柄の上端に鏡を取りつけ、柄の中ほどに長方形の小物入れが付属している。両方の鏡とも鈕から赤い帯が垂下し、この帯で鏡台の柄に鏡を結び付けたのであろう。鏡台の横には円い漆奩が二箱あり、そのうち一箱は蓋が開いている。ここから鏡を取り出したのであろう。その横に蓋と長方形の箱が置かれている。このような後宮の様子は、漢代も同じであったと考えられる。

宮殿に置かれた方形の大鏡

顔や髪を整える鏡のほかに、人の全身を映すドレッサーのような鏡も出土している。それが山東省臨淄の前漢・斉王墓で発見された長方形の大銅鏡である(図7)。高さ一一五×幅五八センチ、厚さ一センチ、重さ五七キログラム、背面の五か所に四葉文座の鈕があり、その間に体をくねらせた一頭の龍と雲気文を配し、四辺に連弧文《れんこもん》をめぐらせている。文様からみて、その年代は前二世紀前半の前漢はじめに位置づけられる。この鏡は墓外の器物埋蔵坑から出土し、近くには鉄矛《てつほこ》・銅戟《どうげき》など長柄の武器や鉄甲《てつよろい》・漆盾《うるしたて》などの武具のほか、径二四センチほどの大きな四面の円形銅鏡が漆奩に入った状態で置かれていた。

前漢の都長安は西京《せいけい》と呼ばれたが、その時代の故事を集めた『西京雑記』巻三に、秦始皇帝の咸陽宮《かんようきゅう》に置かれていた長方形の大鏡についての説話がある。すなわち、秦の滅亡のとき、都の咸陽宮にいち早く軍を進めた劉邦《りゅうほう》が、宝物庫の財宝を点検したときの伝聞にいう。

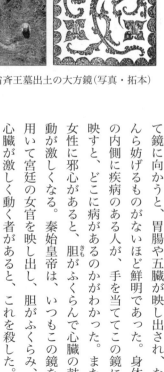

方鏡があり、幅は四尺（九〇センチ）、高さは五尺九寸（一三三センチ）、表裏とも光り輝いていた。人がこれに面と向かい、姿を映すと、鏡像が逆さまに映し出される。手を胸に当てて鏡に向かうと、胃腸や五臓が映し出され、なんら妨げるものがないほど鮮明であった。身体の内側に疾病のある人が、手を当ててこの鏡に映すと、どこに病があるのかがわかった。また、女性に邪心があると、胆《きも》がふくらんで心臓の鼓動が激しくなる。秦始皇帝は、いつもこの鏡を用いて宮廷の女官を映し出し、胆がふくらみ、心臓が激しく動く者があると、これを殺した。

図７　山東省斉王墓出土の大方鏡（写真・拓本）

前漢・斉王墓の方鏡はこれよりやや小さいとはいえ、人の姿を映すに十分な大きさがあり、始皇帝の年代にも近い。目にみえないような人の邪心や病気までも鏡に映し出すというのは、鏡の神秘性を誇張する表現であるとしても、斉王墓の方鏡も咸陽宮のそれと同じように宮殿に立てかけられていたのだろう。とくにこれが武器や武具の近くから出土していることから、門衛のいる宮殿の入口に設置されたのかもしれない。

二〇一五年に発掘された海昏侯《かいこんこう》劉賀《りゅうが》墓（江西省南昌市）からは、高さ七〇×幅四六センチの長方形の銅鏡が漆塗り木製スタンドに装着された状態で出土した。鏡には文様がなく、斉王墓の例より小さいが、同じように五つの鈕があり、鏡の木蓋には孔子とその弟子にまつわる伝記と図像などが描かれている。その中に書かれた詩の冒頭に「新《あら》たに衣鏡《いきょう》就《な》り、佳《よきもの》にして以《もっ》て明《あきらか》なり。」という句があり、これは「衣鏡」と呼ばれていたことがわかる。人の全身を映して衣服を整える鏡の意味であろう。

被葬者の劉賀は武帝の孫で、前七四年に昭帝《しょうてい》が嗣子《しし》不在のまま崩じたため、皇帝に即位するが、品行不正の廉《かど》により在位二七日で帝位を剝奪され、昌邑《しょうゆう》（山東省）に幽閉された。その後、前六三年に劉賀は釈放されて海昏侯に封《ほう》じられ、前五九年に没したという。

時代は下って西晋の「陸機《りくき》が弟の雲《うん》に与える書《てがみ》」（『北堂書鈔《ほくどうしょしょう》』巻一三六所引）によると、都洛陽の仁寿殿《じんじゅでん》前に設けられた大きな方形の銅鏡（大方銅鏡）は、高さ五尺（一二〇センチ）あまり、幅三尺二寸（七七センチ）で、人の全身を映すことができたという。

初唐の鏡には「阿房照胆、仁寿懸宮」という銘文があり、『西京雑記』の咸陽宮を始皇帝の造営した阿房宮《あぼうきゅう》に換えているが、人の胆を照らす鏡のことや仁寿殿前に懸けられた鏡のことがよまれている。しかし、王朝の滅亡にともない、宮殿はことごとく略奪と破壊を受け、宮殿に設けられた大鏡が発掘で出土する可能性はきわめて小さい。

魔除けの小鏡

次に小さい鏡についてみておこう。武帝の異母兄で前一一三年に亡くなった中山王《ちゅうざんおう》劉勝《りゅうしょう》の夫人を埋葬した河北省満城《まんじょう》二号墓では、三面の鏡が出土した。そのうち大型鏡の二面は主室と棺内の漆奩内からそれぞれ出土したが、径五センチという小さい龍文鏡だけは被葬者の左手に握られていた。この小型鏡は化粧用の鏡とは別の用途があったのだろう。

『西京雑記』にはまた、宣帝《せんてい》(在位前七四～前四八)幼少期の小型鏡をめぐる説話が収録されている。武帝の晩年、巫蠱《ふこ》の乱(前九一)により皇太子(宣帝の祖父)と夫人の史氏《しし》ら一族が処刑された。生後まだ数か月しか経たない孫の病已《へいい》(のちの宣帝)は投獄されたが、丙吉《へいきつ》により養育され、大赦《たいしゃ》により民間で成長した。前述のような昭帝の後嗣《こうし》をめぐる混乱の後、丙吉や霍光《かくこう》らの推薦によって宣帝が即位したのである。その説話にいう。

宣帝が郡邸《ぐんてい》の獄に収監されていたとき、その臂《ひじ》にはなお(祖母の)史良娣《しりょうてい》が多彩な絹糸を編んでつくった組紐《くみひも》を帯び、身毒《インド》国の宝鏡一枚を結んでいた。それは八銖銭《はっしゅせん》のような大きさであった。古くからの伝えによれば、この鏡は妖怪を映し出し、これを身につけることができた者は、天の神によって幸福が授けられるとされた。このため宣帝は危険な目にあっても助かることができたのである。

インドの宝鏡というのは、おそらく『西京雑記』が編纂された六朝代(三〜六世紀)の潤色であろう。「八銖銭」は前一八六年に発行されたが、その実体は「半両《はんりょう》」と記された銅銭であり、径二・四〜三・三センチの大きさである。満城二号墓の小型鏡はそれより大きいが、手中に握られていたことから、宣帝の宝鏡と同じように魔除けや招福の護符《ごふ》として用いられていた可能性が高い。満城二号墓は前一一三年から前一〇四年の間に推定され、宣帝の生年より十数年さかのぼるだけである。説話の真偽はともかくとしても、化粧用にはそぐわない小さな鏡が実在している以上、そのころ日常的に身につける護符の鏡があったことは認められよう。

死者を護る鏡

宣帝の擁立に功のあった霍光は前六八年に病没した。宣帝はその死を悼み、皇帝の埋葬制度になって墓を造営し、玉衣《ぎょくい》や葬具《そうぐ》を下賜したが、その中に「東園《とうえん》の温明《おんめい》」が含まれていた(『漢書』霍光伝)。「東園」とは副葬用の明器《めいき》をつくる役所であり、「温明」について後漢の服虔《ふくけん》は「東園でこの器をつくる。方形の漆桶のような形である。一面を開き、漆でこれに絵を描き、鏡を用いてその中に置き、それで屍《しかばね》の上に懸け、埋葬のときにも同じように屍の上をおおうのである」と注記している。

この「温明」にあたる箱形の漆器が長江下流域で発見されている。前一世紀後葉の江蘇《こうそ》省姚《よう》荘《しょう》一〇一号墓は、夫婦二体を合葬し、棺内にはそれぞれ遺体の頭をおおうように漆器の「温明」(図8)をかぶせていた。どちらも底のない箱形で、遺体の胸側にあたる一側面を切り開き、天板《てんばん》が廂《ひさし》のように伸びている。左右の両側板には底辺に漆枕と組み合わせる半円形の切れ込みがあり、頭頂の側板には長方形の孔がある。左右側板と天板の内面には径九センチの銅鏡が鏡面を遺体の頭に向けて貼り付けられ、天板の外面には金銅製の金具を装着している。鏡背は漆で塗り固められているため、文様はわからない。天板と側板の内外面とも

図8　江蘇省姚荘101号墓の「温明」

漆で雲気文や禽獣文《きんじゅうもん》を描いている。このような特徴は、服虔の解説した「温明」と完全に一致する。その鏡には、死者のために地下の世界を照らし、悪霊から死者を護るはたらきが期待されたのだろう。

鏡の大量副葬

「温明」には銅鏡のほかに玉器《ぎょくき》が代用されることもあった。玉《ぎょく》には死者を護るはたらきがあるとされたからである。宣帝が霍光の葬儀に賜った玉衣も、そうした特別な葬具であり、中山王劉勝の満城一号墓では、遺体の頭から足先まで鎧《よろい》のように小さな玉板でおおった金縷《きんる》玉衣が発掘されている。しかも玉衣内の遺体には円盤状の玉璧《ぎょくへき》一八枚が副葬され、その内訳は、胸から腹に三枚、その左右に五枚ずつ、遺体の下には中央に三枚と両肩に一枚ずつである。玉衣だけではものたりず、玉璧のはたらきによって完璧に遺体を保護しようとしたのである。その径は、最大のもので二一センチ、ほとんどが一五センチ前後の標準的な大きさであった。二号墓に埋葬された劉勝夫人も金縷玉衣をまとい、胸の上下に玉璧一五枚を副葬していた。

また、前一二二年ごろに没した南越《なんえつ》王の墓が広州《こうしゅう》市で発見され、玉衣の上に一〇枚、玉衣内に一四枚の玉璧があったほか、木棺の周囲には玉璧二三枚、足元の木箱には玉璧を模造した陶《とう》

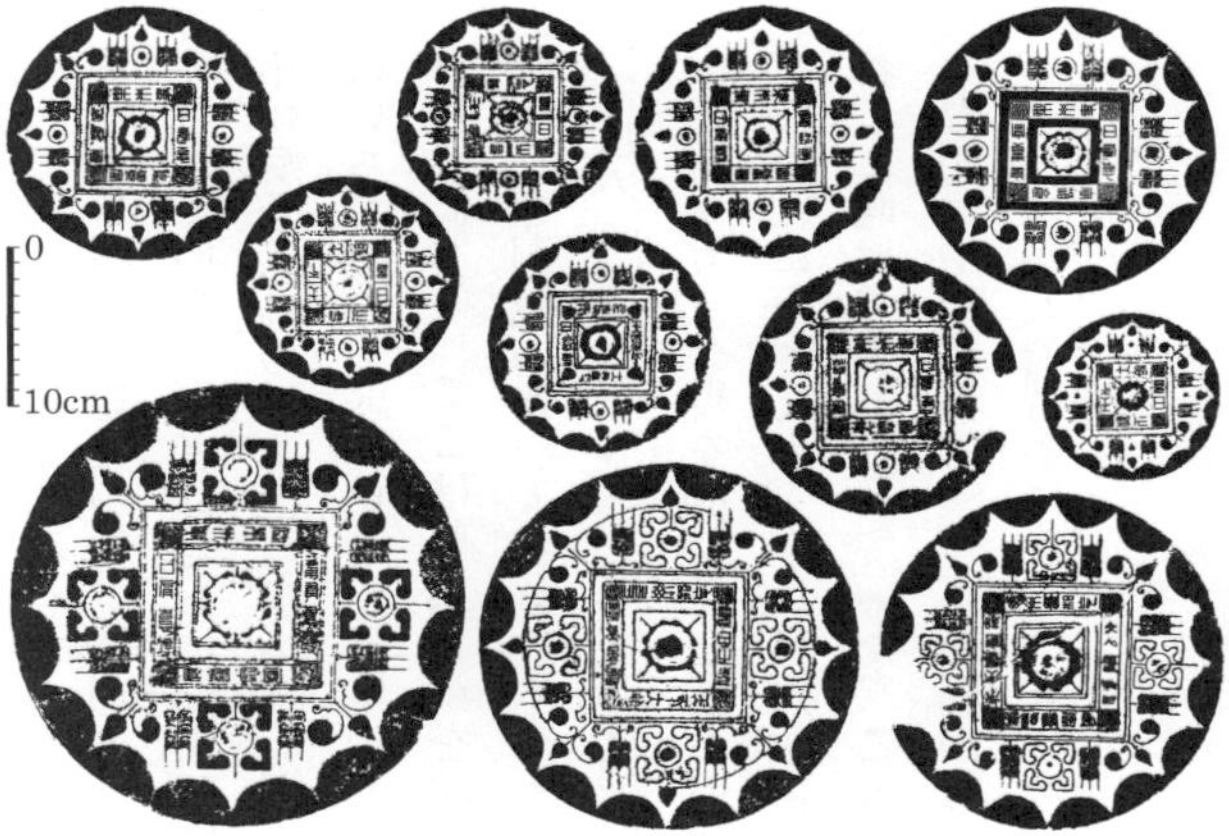

図９　山東省平度界山１号墓の草葉文鏡

璧《へき》一三九枚が重なりあっていた。

玉璧は金銀にまさる至高の価値をもっていた。戦国時代の〝和氏《かし》の璧〟は、一五か城と交換するほど完璧な価値があったという。このため墓の副葬にはガラスや石でつくった明器が多く用いられたが、それを銅鏡で代用したのが山東省平度《へいど》界山《かいざん》一号墓である。

墓の規模は小さく、竪穴《たてあな》墓の木棺内から一九面の鏡が出土した。被葬者の頭・胸・腰の位置に計一八面の鏡が積み重ねられ、径六センチの小さな鏡一面だけが右足のところに離れて置かれていた。この小型鏡は魔除けの鏡であろう。鏡のうち一七面が前二世紀後葉の草葉文鏡で、最大のものが径二八センチ、最小のものが径八センチである（図9）。玉器は小さなものが数点あるだけで、玉璧は出土していない。

青銅器や漆器の銘文から、被葬者は前一二七年に封じられた平度侯もしくは平望《へいぼう》侯の一族と考えられている。両者はともに淄川《しせん》王劉志《りゅうし》の子であり、諸侯王の力をそぐため、武帝は前一二七年に嫡子《ちゃくし》以外の子弟にも国の分割相続をさせたのである(推恩《すいおん》の令)。この政策によって諸侯国はいちじるしく弱体化し、馬車のかわりに牛車に乗るほど没落した諸侯があらわれたという(『晋書』輿服志《よふくし》)。ここは草葉文鏡を鋳造(図4参照)していた臨淄に近いこともあって、高価な玉璧よりも銅鏡の方が入手しやすかったのであろう。

「はじめに」に述べたように、青柳種信の記録によれば、福岡県三雲の甕棺墓では、大小三五面の鏡がガラス璧を間に差し挟んだ状態で出土したという。墓の年代は平度界山一号墓と近い。三世紀に下っても、奈良県黒塚古墳では、出土した三三面の三角縁神獣鏡がすべて鏡面を被葬者に向けて副葬されていた。これらは日本独自の風習と考える説もあるが、いまみたような「温明」や平度界山一号墓の例からみると、悪霊から死者を護るため、青柳が推測したように、倭人は漢人の習俗にならって多数の銅鏡を墓に副葬した可能性が高い。

第二章　人びとの心情を映す
――前漢鏡に刻まれた楚歌

四面楚歌

前二七八年に秦は長江中流域を攻略し、楚は都を淮河《わいが》流域の陳《ちん》(河南省)、ついで寿春《じゅしゅん》(安徽省)に遷したが、前二二三年に滅ぼされた。前二一〇年に秦の始皇帝が崩じると、その圧政に耐えかねた人びとが各地で蜂起した。その先鋒に立ったのが楚人である。最初に反旗をひるがえした陳勝《ちんしょう》と呉広《ごこう》はあえなく潰滅したが、ついで立った項羽《こうう》と劉邦《りゅうほう》がついに秦を滅ぼした。項羽は楚の名将項燕《こうえん》の孫で、戦えば必ず勝つ豪傑である。一方の劉邦は沛《はい》(江蘇省)の農民から身を起こした遊侠《ゆうきょう》の徒《と》で、人の能力をうまく引き出した。二人は軍を分けて西進し、最初に秦の都咸陽に進駐したのは劉邦であった。そのとき咸陽宮にあったという大きな方鏡については、前章(一九頁)で紹介した。

秦の滅亡により、項羽は西楚の覇王、劉邦は漢王となったが、両雄並び立たず、まもなく楚と漢は戦火を交えることになった。五年におよぶ戦いの末、漢軍は項羽を垓下《がいか》(安徽省)に包囲した。夜半に四方から楚の歌が聞こえてきたので、項羽は起き上がって愛妾《あいしょう》の虞《ぐ》美人と酒を飲み、悲歌慷慨《こうがい》して詩をつくった(『史記』項羽本紀)。

力拔山兮氣蓋世。　力《ちから》は山《やま》を抜《ぬ》き、気《き》は世《よ》をおおう。
時不利兮騅不逝。　時《とき》は利《り》あらず、騅《すい》はゆかず。
騅不逝兮可奈何。　騅《すい》のゆかざるを、いかにすべき。
虞兮虞兮奈若何。　虞《ぐ》や虞《ぐ》や、なんじをいかんせん。

楚の再興をめざして立ちあがったのに、皮肉にも楚人に追い詰められた絶望。項羽はくりかえし歌い、虞美人が唱和《しょうわ》した。項羽も部下たちもみな涙を流し、だれひとり仰ぎみることができなかった。騅は項羽の愛馬である。かくして項羽は夜をついて突撃した——『史記』の中でもっとも感動的な場面の一つであり、今日でも京劇《きょうげき》の「覇王別姫《はおうべっき》」として親しまれている。

この「垓下の歌」も楚歌である。句末の「世《せい》」と「逝《せい》」、「何」と「何」が押韻し、整った七言四句のようにみえるが、各句とも三言の間に助辞《じょじ》の「兮《けい》」を挟む形である。このようにリズムを整える助辞を句の中に挿入するのが楚歌のもっとも大きな特徴である。

本書では韻文としての銘文に注意を喚起するため、原文の脚韻に句点の「。」、韻を踏みはずした句末には読点の「、」を付して区別する。

高祖と武帝の楚歌

天下を統一した劉邦は、帝位に即き（高祖《こうそ》、在位前二〇二～前一九五）、長安を都と定めた。功臣たちは諸侯王や列侯に封建《ほうけん》されたが、諸侯王の力が強くなるのを恐れた高祖は、劉氏以外の諸侯王をつぎつぎと廃除して高祖の近親と同族にすげかえていった。前一九六年、淮南《わいなん》王の黥《げい》布《ふ》が謀反したため、高祖はみずからこれを討ち、子の劉長《りゅうちょう》を封《ほう》じた。そこは戦国時代の楚が最後の都としたところである。その帰途、高祖は故郷の沛に立ち寄り、人びとを集めて酒宴を開いた。また、沛の少年たち一二〇人を集め、歌を教えた。宴がたけなわになると、高祖は筑《ちく》（琴に似た弦楽器）を打ち、みずから詩をつくって歌った（「大風歌《だいふうか》」『史記』高祖本紀）。

大風起兮雲飛揚。　大風《おおかぜ》　起《お》こりて、雲《くも》は飛揚《ひよう》す。
威加海内兮帰故郷。　威《い》は海内《かいない》に加《くわ》わり、故郷《こきょう》に帰《かえ》る。
安得猛士兮守四方。　安《いずく》にか猛士《もうし》を得《え》て、四方《しほう》を守《まも》らん。

そして少年たちに唱和させ、みずから立ち上がって舞い、感きわまって涙を流した。崩御の六か月前のことである。位を継いだ恵帝《けいてい》（在位前一九五～前一八八）は沛宮を高祖の廟《びょう》とし、高祖が歌を教えた少年たちに合唱を継続させたという。

歌の第一行は、風立ち雲が舞い上がるような秦末の大乱をいう。第二行でみずからそれを平定して天下統一をなしとげ、故郷に凱旋したことをうたい、第三行では北の匈奴《きょうど》や南の南越《なんえつ》など周辺民族に対する防衛を少年たちに託している。これも「兮」を句の中にはさんだ楚歌であり、今日の詩吟のように節《ふし》をつけて吟誦《ぎんしょう》され、楽器の伴奏、唱和、舞《まい》がともなっていた。

天下統一の翌年に北辺の代《だい》国に封じられた韓王信《かんおうしん》は、匈奴に攻められて降伏した。怒った高祖は平城《へいじょう》(山西省)に進軍したところ、匈奴の大軍に取り囲まれ、屈辱的な和睦を結んでようやく脱出することができた。この第三行には、そのときの悔しさがにじみでている。

その後も漢は匈奴の侵入に苦しんだ。漢が匈奴に逆転攻勢をかけるのは、武帝になってからのことである。衛青《えいせい》や霍去病《かくきょへい》らの活躍により、前一一九年には匈奴に大きな打撃を与え、漢の北辺はようやく安定した。

武帝は神仙を求め、前一一三年には長安の東に黄河を渡った汾陰《ふんいん》(山西省)で土地神の后土《こうど》をまつった。そのとき汾河《ふんが》を渡る楼船の中で群臣と宴会を催し、つくった詩が「秋風辞《しゅうふうじ》」(『文選』巻四五)である。武帝の作を疑う説もあるが、これも句の間に「兮」をはさんだ楚歌である。全九行のうち最初の二行だけ示しておこう。

秋風起兮白雲飛。　　秋風《あきかぜ》起《た》ち、白雲《はくうん》飛《と》ぶ。
草木黄落兮雁南歸。　草木《そうもく》黄落《こうらく》して、雁《がん》は南帰《なんき》す。

詩形は高祖の「大風歌」に類似し、風と雲をよんだ第一行もそれに近い。しかし、気持ちの高ぶった高祖の歌とちがい、眼前にひろがる秋の景色を心静かによんでいる。

『楚辞』の詩形

楚の詩歌を代表する詩集が『楚辞《そじ》』である。始祖とされる屈原《くつげん》は、戦国時代の楚の王族で、悲劇の忠臣とされる。すなわち、秦の脅威がせまった懐王《かい》(在位前三二九～前二九九)のとき、王の信をえて「日月と光を争う」忠をつくして仕えていたが、それを妬《ねた》む者が王に讒言《ざんげん》したため、疎まれて放逐《ほうちく》され、汨羅《べきら》(湖南省)に入水して死んだという(『史記』屈原伝)。

『楚辞』は屈原の詩風を継承した作品を加えて漢代に成立したが、武帝は淮南王劉安《りゅうあん》(在位前一六四～前一二二)に命じてその一部をなす「離騒《りそう》」伝(「離騒」の注釈、「伝(傳)」は「傅《ふ》(＝賦《ふ》)」の誤字で、「離騒」賦とみる説もある)をつくらせた。楚の故地である淮南には『楚辞』の伝統があり、とりわけ劉安は、道家を中心に諸家の思想を集めた『淮南子《えなんじ》』の編者で、博学多識にして文辞に長じていた。武帝は劉安の論じる神仙術や詩作について夜まで耳を傾けたというから

（『漢書』淮南王伝）、長安に生まれ育った武帝が楚歌をつくったこともうなずける。

『詩経』の詩形が四言を基本とするのに対して、『楚辞』は句の間に助辞を加え、長短句を交えた独特の詩形をもっている。京都大学の小南一郎の分類によれば、もっとも早い時期の作品と考えられる「九歌《きゅうか》」では、「兮」字をはさんで上下がバランスを取っている句形の

Ａ１　□□兮□□。　桂櫂兮蘭枻。（湘君《しょうくん》）
Ａ２　□□□兮□□□。　被石蘭兮帯杜衡。（山鬼《さんき》）

と、バランスの取れていない句形の

Ｂ　□□□兮□□。　聞佳人兮召予。（湘夫人《しょうふじん》）

という二種三型式が基本である。項羽の「垓下の歌」はＡ２式であり、高祖の「大風歌」や武帝の「秋風辞」はＡ式とＢ式の折衷である。「離騒」はこのＢ式を発展させた句形で、

Ｃ　□□□○□□兮、　惟草木之零落兮、
　　□□□○□□。　恐美人之遅暮。

のように二句対《つい》にしたものを基本形式としている。この○のところには、「其」「以」「于」「之」などの助辞が入る。Ｂ式の「兮」は、音を引くことによって未分化な助辞として働いていたが、Ｃ式ではそれぞれの意味にしたがって特定の助辞に定着したという。

淮南の蟠螭文鏡

こうした楚歌の流行した前漢前期の代表的な鏡が、蟠螭文鏡《ばんちもん》である。三ないし四体の唐草状の龍を主たる文様とし、鈕座からのびた山岳文《さんがくもん》をその間に配した例が多い。蟠螭文鏡は秦代（前二二一～前二〇六）に出現し、地文《じもん》・鈕・周縁などに戦国鏡の特徴をのこしている。

江蘇省徐州《じょしゅう》市九里山《くりさん》三号墓は、呉楚七国の乱に関係して前一五四年に死んだ宛朐侯《えんく》劉埶《りゅうげい》の墓で、出土した蟠螭文鏡は、径一三センチ、鈕座の周りに次のような銘文がある。

　脩相思、願毋相忘。　脩《なが》く相《あ》い思《おも》い、願《ねが》わくは相《あ》い忘《わす》るるなからんことを。
　安樂未央。　安《やす》らかな楽《たの》しみ未《いま》だ央《つ》きず。

これは鏡に銘文が出現した初期の作品であり、互いに思慕し合い、その平穏な楽しさが永遠につづくよう、ささやかな願いを鏡に託している。冒頭の「脩相思」は、ふつう「長相思」とあるべきところを、淮南王劉安が父の諱《いみな》「長」を避けて同じ意味の「脩」にかえたものである。このため本鏡は、劉安が前一六四年に淮南王に封じられた後、その関与のもとで制作され、近隣の宛朐侯に与えられたものと考えられる。

山岳文の左右に龍を配置するモチーフは、前一六〇年代の湖南省馬王堆一号墓の木棺に描かれた絵画にみられる(図10上)。中央に火炎状の山があり、その左右に体をくねらせた龍が口を大きく開けて対峙している。左の龍には、首の後ろに虎、尾には鹿が、右の龍には、首の後ろに鳥、尾には仙人が配されている。この図像について京都大学の曽布川寛《そぶかわひろし》は、『楚辞』や『淮南子』をもとに、中央の山岳は天と地をつなぐ崑崙山《こんろんさん》で、龍はそれをとりまく弱水《じゃくすい》を渡す役割をもち、虎・鹿・鳥・仙人もそれぞれ崑崙山の仙界に住んでいると考証している。

蟠螭文鏡は、この馬王堆一号墓と年代が近く、同じように山岳文と龍で主文を構成している。このため、これは鈕から崑崙山がそびえ立ち、その空間を仙界に住む龍が取り巻き、円形の鏡全体は天を象徴しているのであろう。

戦国時代までの鏡は、装飾的な文様があしらわれ、銘文をもつことはなかったが、秦漢時代になると、このように中央の鈕座が大地を、その周囲が円い天をあらわし、幸福を願う銘文があらわれる。天地を表象する鏡を身につけることによって、天命のままに願い事がかなえられると考えられたのであろう。

主君への心情をうたう

都長安の所在した西安《せいあん》市鄭王荘《ていおうしょう》九五号墓出土の蟠螭文鏡は、径一七センチ、鈕座から三方

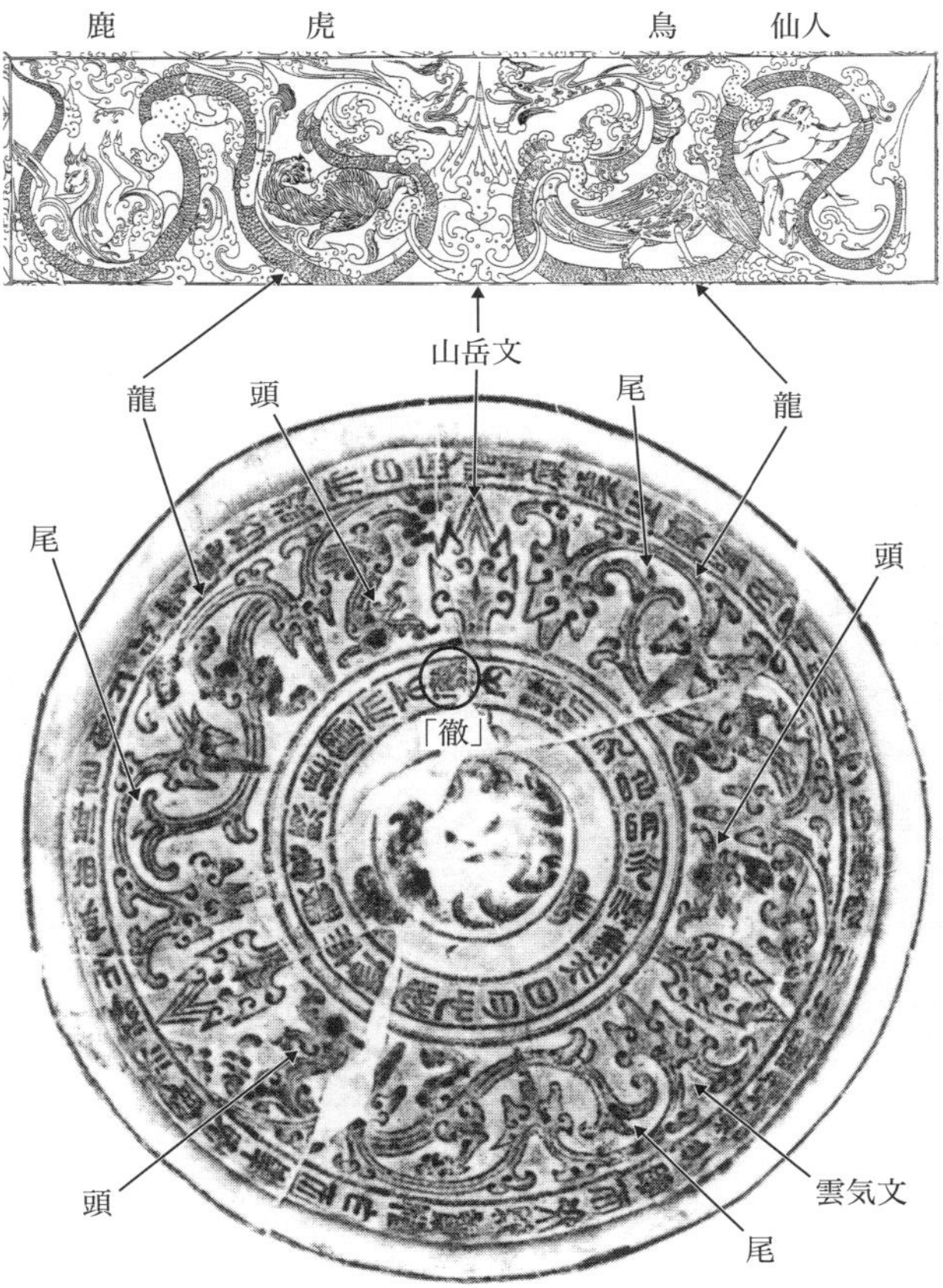

図 10　山岳と龍の文様
上：湖南省馬王堆 1 号墓の彩絵木棺
下：西安市鄭王荘 95 号墓の蟠螭文鏡

に山岳文がのび、その間にS字形に蛇行する三体の龍と波状の雲気文が配されている（図10下）。鈕座と内区外周とに銘帯《めいたい》があり、篆書体《てんしょたい》であらわされた銘文は、内圏（鈕座外周）から外圏（内区外周）につづいている。

内圏銘の末字「徹《てつ》」は武帝の諱《いみな》であり、これより新しい型式では同じ「通る」という意味の「泄《せつ》」字に改められていることから、この鏡は武帝即位の前一四一年より前に位置づけられる。

（内圏）内請質以昭明、　内《うち》は清質《せいしつ》にして以《もっ》て昭明《しょうめい》なり、
　光輝象夫日月。　光輝《こうき》は夫《か》の日月《じつげつ》に象《に》たり。
　心忽穆而願忠、　心《こころ》は忽穆《こつぼく》として忠《ちゅう》を願《ねが》う、
　然壅塞而不徹。　然《しか》れども壅塞《ようさい》して徹《とお》らず。
（外圏）絜精白而事君、　精白《せいはく》を潔《いさぎよ》くして君《きみ》に事《つか》えしも、
　惌沄驩之弇明。　歡《かん》を沄《ふさ》がれ明《めい》を弇《おお》われるを怨《うら》む。
　彶玄錫之流澤、　玄錫《げんしゃく》の流沢《りゅうたく》を急《きゅう》し、
　恐疎遠而日忘。　疎遠《そえん》にして日《ひ》び忘《わす》らるるを恐《おそ》る。
　懷靡美之窮嵦、　靡美《うるわし》の窮《ひそか》な嵦《わらい》を懐《おも》い、
　外承驩之可說。　歡《かん》を承《う》くことの悦《よろこ》ぶべきを外《そと》にす。

慕窔佻之靈景、　窔佻《たおやか》なる霊景《れいけい》を慕《した》い、
願永思而毋絕。　願《ねが》わくは永《とこし》えに思《おも》いて絶《た》ゆるなからんことを。

この銘文は「昭明」・「精白」という語に代表され、「離騒」のC式に類似した二句対の三章で構成されている。すなわち、偶数句末の「月《げつ》」と「徹《てつ》」、「明《みょう》」と「忘《ぼう》」、「説《せつ》」と「絶《ぜつ》」がそれぞれ押韻し、各句の第四字に助辞の「以」「夫」「而」「之」を配している。鏡の年代と制作地からみて「離騒」伝(または「離騒」賦)をつくった淮南王劉安との緊密な関係がうかがえる。

形式の類似だけでなく、主君に対する清廉潔白な忠臣の慕情を訴えかける心情も「離騒」と共通している。すなわち、その内圏銘は、日月のように清らかにして明るい気持ちで忠誠を願っていたものの、主君にはその気持ちが届かないもどかしさをうたい、同じように外圏銘も、主君の明がおおい隠され疎まれたため、慕情をいだきつつ、静かに去って神聖な世界に安んじようとする心情があらわされている。

ただし、項羽の「垓下の歌」のように絶望にうちひしがれるのではなく、この銘文ではユートピアを夢みつつ、いつしか主君との関係が修復され、とこしえに相い思うことを願っている。むしろ未来へのかすかな希望にウェイトがあると読むべきであろう。

女性の心情をうたう

このような抒情詩がなぜ鏡にあらわされたのだろうか。『楚辞』研究者の三沢玲爾《みさわれいじ》は、この外圏銘の「靡美」や「窔佻」はしとやかで美しい女性や立派な男性をいうことばで、「承驩」は好かれて寵愛を受ける意味に解釈する。そして同時期の鏡には、上述の九里山三号墓例のように鏡の所有者を祝福する吉祥句があることや、夫に見棄てられた妻の歎きをうたう「棄婦歌《きふか》」があることから、いずれも男女の恋愛関係を女性の側からよんだものと考えた。

化粧具として女性が日常的に鏡を使うのであれば、朝廷内の権力闘争に敗れた忠臣の歎きよりも、恋愛をめぐる女性の心情を銘文にあらわしたとする方が考えやすい。

たとえば、前二世紀末の銘帯鏡は、径六センチと小さいが、次のような銘文がある。

毋棄故而娶新。　故《もと》を棄《す》てて新《しん》を娶《めと》るなかれ。
亦成親。　亦《ま》た親《よしみ》を誠《まこと》にせん。
心與心、長毋相忘。　心《こころ》と心《こころ》と、長《なが》く相《あ》い忘《わす》るることなかれ。
俱死葬何傷。　俱《とも》に死《し》し葬《ほうむ》らるるも何《なに》をか傷《いた》まん。

第一行の「故」は女色が衰えて顧みられることのなくなった妻、対する「新」は夫の愛人である。若い女に心を奪われることなく、夫婦が互いに誠意をもって心を通じ合わせれば、ともに死ぬこともいとわない、という激情がよまれている。三言・四言・五言句をまじえた変化のはげしいリズムによっても、夫に対する強い愛情が表現されている。

たとえ生きているときに別居していても、最後は夫婦ともに同じ墓穴に葬られたいという愛情表現は、漢以前にさかのぼる。たとえば『詩経』王風《おうふう》「大車《たいしゃ》」は、典型的な四言詩で、

穀則異室、死則同穴。　穀《い》きては則《すなわ》ち室《へや》を異《こと》にするも、死《し》しては則《すなわ》ち穴《あな》を同《おな》じくせん。

謂予不信、有如皦日。　予《われ》を信《まこと》ならずと謂《い》わば、皦日《きょうじつ》の如《ごと》き有《あ》り。

という一節がある。この第二行は、わたしの心が信用できないというなら、それは光り輝く太陽のようだと訴えており、これも鏡の銘文に通じるフレーズである。

また、同じころの草葉文鏡には次のような銘文がある。

秋風起、予志悲。　秋風《あきかぜ》起《た》ち、予《わ》が志《こころ》悲《かな》しむ。

久不見、侍前俙。　久《ひさ》しく見《み》ず、前《まえ》に侍《はべ》ること希《まれ》なり。

これは反対に、整った三言句を用いて、夫に会えないことを歎き悲しんでいる。初句の「秋風起」は武帝の「秋風辞」と同一で、燃えるような暑い夏が過ぎ、涼しい秋の風に、ひとりぼっちのわびしさを感じているのである。西安市紅慶《こうけい》村六四号墓の草葉文鏡では、初句を「秋風起」のかわりに「君卒《にわか》に行く」とし、夫の突然の旅立ちを原因としている。

以上のような例からみると、さきにみた「離騒」形式の銘文も、君臣関係を男女の恋愛関係に重ね合わせたものであった可能性が高い。ちなみに司馬相如《しばしょうじょ》が代作したとされる「長門賦《ちょうもんふ》」(『文選』巻一六)は、武帝の寵愛を失った陳《ちん》皇后の悲しみをうたうが、それは「離騒」にならった形式である。このような君臣関係や男女関係をめぐる宮廷文人たちの思いは、前漢代の人びとに大きな共感を呼び起こし、それが鏡の銘文にも取り入れられたのであろう。

長安でつくられた鏡

武帝代に都の長安で草葉文鏡や銘帯鏡が創作される。戦国鏡の特徴が消失し、漢鏡として確立する段階である。草葉文鏡の多くは、方形の鈕座をもち、四方に草葉文がのびている。縁は内向きの円弧を連ねた連弧文が多い。それは日月の輝きを象徴している。一方、銘帯鏡は篆書体の銘文を内区の主たる文様とし、漢字のもつ視覚的なデザインが強調された鏡である。いわば聴く韻文から視る銘文が生まれたのである。

両種の鏡とも銘文には四言の吉祥句が多くなる。たとえば、山東省平度界山一号墓の草葉文鏡(図9、二五頁)の一面は、径二三センチ、方格の各辺に四言句を配し、各句押韻している。

見日之光。天下大明。　日《ひ》の光《ひかり》見《あら》われて、天下《てんか》大《おお》いに明《あき》らかなり。

所言必當。長毋相忘。　言《い》う所《ところ》は必《かなら》ず当《あ》たらん。長《なが》く相《あ》い忘《わす》るるなかれ。

第一行は常套句であるが、第二行へは意味がつながらず、吉祥句を羅列しただけであろう。

これと同時に『楚辞』にならった銘文も存続している。東北地方の吉林省《きつりん》彩嵐《さいらん》墓地から出土した銘帯鏡は、径一一センチ、内外二重の銘帯をもち、それぞれの外周に光の輝きを象徴する連弧文がめぐっている(図11)。銘文は装飾化した篆書体で、字の上下を鏡の中心からみるように配し、外圏から内圏に反時計回りに読むようになっている。

恐浮雲兮㪅白日。　浮雲《うきぐも》の白日《はくじつ》を蔽《おお》うを恐《おそ》る。
復請美兮㝢素質。　清美《せいび》に復《ふく》さんとするも、素質《そしつ》を弃《おお》う。
行精白兮光運明。　行《おこな》い精白《せいはく》なれば、光《ひかり》は明《めい》を運《めぐ》らす。
謗言衆兮有何傷。　謗言《ぼうげん》衆《おお》くとも、何《なに》をか傷《いた》むこと有《あ》らんや。

大意は上述の「離騒」形式の銘文に類似し、白日のように明るい忠誠心がよこしまな浮雲でさえぎられることをいう。第四行は「信にして疑われ、忠にして謗《そし》られ」(屈原伝)でもくじけない毅然とした意志が示され、全体として「離騒」と同じように君臣関係に対する悲憤をうたっている。詩形は三言二句を「兮」でつないだ「九歌」A2式であり、「日《じつ》」と「質《しつ》」、「明《みょう》」と「傷《しょう》」がそれぞれ押韻し、節《ふし》をつけて吟誦《ぎんしょう》されたのであろう。

旅立つ夫を送る妻の憂い

西安市三爻《さんこう》村六号墓は、長安城の南東で発掘された小型墓で、一人だけを埋葬していた。人骨は朽ちていたが、武器がなく、被葬者は成人女性であったらしい。墓の規模からみて、下級官人クラスの家族であろう。棺内の足元に前一世紀前半の銘帯鏡が刷毛や銅香炉《どうこうろ》とともに副葬

図 11　吉林省彩嵐墓地の銘帯鏡

図 12　西安市三爻村 6 号墓の銘帯鏡

されていた。径一三センチ、鏡の内区には光の輝きをあらわす連弧文があり、周囲に二八字の銘文が時計回りにめぐっている(図12)。

行有日兮反毋時。
結中帯兮長相思。
妾負君兮萬不疑。
君負妾兮天知之。

行《ゆ》くに日《ひ》有《あ》り、返《かえ》るに時《とき》なし。
中帯《ちゅうたい》を結《むす》びて、長《なが》く相《あ》い思《おも》う。
妾《わたし》の君《あなた》に負《そむ》くは、万《まん》も疑《うたが》うなかれ。
君《あなた》の妾《わたし》に負《そむ》くは、天《てん》のみ之《こ》れを知《し》る。

詩形は前鏡の「浮雲」銘と同じ「九歌」A2式で、「時《じ》」・「思《し》」・「疑《ぎ》」・「之《し》」で毎句押韻している。この銘文には、旅立つ夫の出発日は決まっているが、いつ帰るともわからないし、夫の心変わりも心配だ、という妻の不安な心情が素直にあらわされている。

第二行の「中帯」とは、夫婦が契《ちぎ》りを結ぶときの帯紐《おびひも》で、馬王堆一号墓にみたような鏡の鈕に結んだ帯紐(図5、一五頁)かもしれない。後漢代(二五〜二二〇)の作とされる辛延年《しんえんねん》の「羽林《うりん》郎詩《ろうし》」(『玉台新詠《ぎょくだいしんえい》』巻二)には、近衛兵《このえへい》が酒家の胡姫《こき》に求愛のしるしとして「青銅鏡」を贈り、それを赤い衣裳に結んだというからである。また、唐の段成式《だんせいしき》の『酉陽雑俎《ゆうようざっそ》』(八六〇年ごろ)巻一にも「婦《つま》を娶《めと》るに、夫婦はならび拝し、或いは共に鏡の紐を結ぶ」とある。結婚の儀式で鏡が用いられたことは、後漢鏡の銘文からもうかがわれるが、それは第四章(一〇二頁)にみることにしよう。

第三・第四行の「負」は「たがう」の意。妻のわたしは誓って貞操を守るが、夫のわたしに対する愛情は天だけが知っているというのである。

前漢後期には小型墓でも同じ墓室内に夫婦を合葬することが多くなるが、被葬者の女性は一人で埋葬されていた。この銘文のように、夫の帰りを待ちわびながら、一人さびしく亡くなったのだろうか。銘文の内容からみて、それは長安市中で流行していた民間歌謡であったと考えられる。楚歌に由来する前漢鏡の銘文は、一流の宮廷文人が関与した淮南の鏡をはじめ、多くがこのように哀感ただよう抒情詩であった。

民間でうたい継がれた恋愛詩

南朝の陳(五五七~五八九)の徐陵《じょりょう》が編集した『玉台新詠』巻九には、これとよく似た語句をもつ蘇伯玉妻《そはくぎょくさい》の「盤中詩《ばんちゅうし》」が収録されている。それは蘇伯玉が蜀《しょく》(四川省)に旅立ち、久しく帰らなかったため、長安にいる妻が大皿に書き記して送った詩とされる。テキストによって字句の異同があるが、全詩四九句からなり、その一部に、

君有行、妾念之。　君《あなた》行《ゆ》く有《あ》り、妾《わたしこ》之れを念《おも》う。

出有日、還無期。　出《い》づるに日《ひ》有《あ》り、還《かえ》るに期《き》無《な》し。
結中帯、長相思。　中帯《ちゅうたい》を結《むす》び、長《なが》く相《あ》い思《おも》う。
君忘妾、天知之。　君《あなた》妾《わたし》を忘《わす》るるは、天《てん》のみ之《こ》れを知《し》る。
妾忘君、罪當治。　妾《わたし》君《あなた》を忘《わす》るるは、罪《つみ》は笞《むちうつ》に当《あ》たる。

という三言詩がある。これは前の鏡銘の句間にあった「兮」を省略し、その一部を改変しているものの、詩形と用語の基本はよく似ている。行末の「之《し》」・「期《き》」・「思《し》」・「之《し》」・「治《ち》」が押韻し、「治《ち》」と「笞《ち》」とは同音の借字《しゃくじ》(仮借《かしゃ》)である。句間の「兮」を省略して三言詩に改作することは前漢代にいくつかの例があり、前の「秋風起」銘からみて、およそ前二世紀末ごろから楚歌の「九歌」A2式はしだいに三言詩に変化していったようである。

蘇伯玉とその妻については所伝がなく、明《みん》の馮惟訥《ふういとつ》『古詩紀《こしき》』はこれを漢代(前二〇二～後二二〇)の詩とし、清《しん》の紀容舒《きようじょ》『玉台新詠考異《こうい》』は晋代(二六五～四二〇)の詩とみなしている。しかし、この銘文が発見されたことによって、少なくともこの部分の原形は前漢の長安に流行し、六〇〇年あまり民間でうたい継がれて『玉台新詠』に「盤中詩」として編入されたと考えられる。珠玉の恋愛詩を集めた『玉台新詠』に、鏡の銘文が形を変えて収録されたことは、これまでの文学史では想定されていなかった発見である。とくに、考古学から鏡の年代と制作の地域が限定できるため、同時代史料としての意義はきわめて大きい。

出征する夫に贈る妻の詩

夫の不在や出立を悲しむ銘文がみられるのは、前二世紀後半から前一世紀前半の鏡にほぼ限られている。それはちょうど武帝が匈奴に対して武力攻勢をかけ、つづいて南や東に南越国や朝鮮国を滅ぼし、漢の版図が大きく拡大したときにあたっている。国土を開拓し、辺境を守るため、多くの人びとが労役や軍役にかりたてられていった。次の銘文は、そのような役務による夫の出立を見送る妻の心情をうたったものであろう。

君有行、妾有憂。　君《あなた》行《ゆ》く有《あ》り、妾《わたし》に憂《うれ》い有《あ》り。
行有日、反無期。　行《ゆ》くに日《ひ》有《あ》り、返《かえ》るに期《き》無《な》し。
願君強飯多勉之。　願《ねが》わくは君《あなた》強《し》いて飯《めしく》らい、多《あつ》く之《こ》れに勉《つと》めよ。
印天大息長相思。　天《てん》を仰《あお》いで大息《たいそく》し、長《なが》く相《あ》い思《おも》う。
毋久。　久《ひさ》しくなからん。

これは清の銭坫《せんてん》が「これ夫の遠く行くことありてその妻つくり、もって相い贈りしものなり」と説いた銘帯鏡の銘文である。三次村の「行有日」鏡と同時期の鏡だが、最初の二行は「盤中詩」と同形式で、夫の出発日が決まっているのに、帰る時期がわからない、という妻の歎きをうたう。第三・第四行は七言句で、夫にたくさん食事をとって務めるように励ましつつ、天を仰いで悲しみに沈んでいる。夫の出立にあたり、妻の感情がはげしく動揺しているさまが読みとれる。末句は銘帯の余白がなくなったため、不完全な二字のみである。

夫の出立を歎きつつ食事をうながす悲歌は、『詩経』王風の「君子于役《くんしうえき》」にはじまる。王風は春秋戦国時代の王都である洛陽周辺の詩歌であり、その第二章にいう。

君子于役、不日不月。　君子《くんし》役《えき》にゆく、日《ひ》ならず月《つき》ならず。
曷其有佸。雞棲于桀。　いつか其《そ》れあうこと有《あ》らん。鶏《にわとり》は桀《とまりぎ》に棲《す》む。
日之夕矣、羊牛下括。　日《ひ》の夕《ゆう》べ、羊《ひつじ》と牛《うし》は下《くだ》り括《くく》る。
君子于役、苟無飢渴。　君子《くんし》役《えき》にゆく、いやしくも飢渇《きかつ》することなかれ。

南宋の朱子《しゅし》（朱熹《しゅき》）『詩集伝《ししゅうでん》』の解釈によれば、前の四言三句では、行役《こうえき》に出る夫がいつ帰るかわからないという不安をあらわし、次の三句では、夕方になると、鶏は鳥小屋に、羊や牛は畜舎に帰ってくるのに、という妻の歎きをうたっている。後ろの二句では、せめて食事だけは欠かさないようにと、夫を励ましている。

時代は下って、後漢末の作品とされる五言詩の「飲馬長城窟行《いんばちょうじょうくつこう》」（『文選』巻二七は作者不明とするが、『玉台新詠』巻一は後漢末の蔡邕《さいよう》の作とする）は、北辺の長城に出征した夫を思う妻の悲嘆をうたい、夫にあてた妻の手紙には、上には「餐食《さんしょく》を加えよ」、下には「長く相い思う」と記されていたという。また、同じころの五言詩の「行行重行行（行き行きて重ねて行き行く）」（「古詩《こし》十九首」『文選』巻二九）も、遠くに出征する夫に対して、妻が「努力して餐飯《さんはん》を加えよ」ということばを最後に添えている。後漢代になっても「加餐食」と「長相思」は、遠く離れた夫を思慕する常套句であった。

古来、戦役がたえずくりかえされ、人びとはその負担に苦しんだ。それは前線に送りこまれた兵士だけではない。『詩経』から「古詩十九首」まで数百年にわたってうたい継がれてきたのは、むしろ留守居の妻の悲痛な叫びであった。その間に四言詩から五言詩へと形は変化したが、ここに示した前漢鏡の銘文は、その間を埋める作品として重要である。

第三章 〝プロパガンダ〟としての鏡
――儒家思想のひろがりと王莽の台頭

王莽の台頭

武帝のとき、儒家の董仲舒《とうちゅうじょ》は、天と人とは不可分の関係にあるという天人相関説《てんじんそうかんせつ》を唱えた。政治に対する天の評価は自然現象としてあらわれ、君主が徳のある政治をおこなえば、天はそれを嘉《よみ》して瑞祥《ずいしょう》を降し、悪政だと自然災害や怪異現象などの災異《さいい》をもたらすという。

この天人相関説は、宣帝のころからさかんにとりあげられた。第一章の「魔除けの小鏡」(二一頁)にみたように、民間に成長した宣帝は、民生の安定に努め、中興の君主と呼ばれる。連年のように鳳凰《ほうおう》が泰山《たいざん》(山東省)に集まり、神鳥があらわれ、五色の鳥数万羽が飛来した。長安城には甘露《かんろ》が降り、黄金色の草が生じた。また、南の九真郡《きゅうしん》(ベトナム)からは白象、南郡(湖北省)からは白虎が献上された。このような瑞祥が頻繁にあらわれたことにより、宣帝の政治が天意にかなっているとみなされた。そこで宣帝は、年号を五鳳《ごほう》、甘露、黄龍《こうりゅう》と改元し、たびたび官吏や庶民に爵位を与え、人びとに恩恵をほどこしたという。

　儒家を好む元帝《げんてい》(在位前四八〜前三三)が即位すると、儒家官僚がますます登用されていった。儒教にもとづく天地や祖宗《そそう》の祭祀制度が整備され、経典の収集と整理が進められた。そのとき儒家思想の中核をなしたのが讖緯《しんい》思想である。讖とは未来を予言する文字、緯とは織物のように経《たて》糸の経典を緯《よこ》糸から解釈することで、緯書によって未来を予言する思想をいう。これは天人相関説を発展させた考えで、この讖緯思想と自然の変化を説明する陰陽五行《いんようごぎょう》思想とが車の両輪となって儒教の国教化へと進んでいった。

　元帝を継いだ成帝《せいてい》(在位前三三〜前七)は酒色を好み、政治を顧みることがなかったため、元帝の皇后王氏(元后《げんこう》)の一族が外戚《がいせき》として実権を握るようになった。そこで頭角をあらわしてきたのが、元后の甥にあたる王莽《おうもう》である。成帝は嗣子のないまま前七年に崩じ、次の哀帝も病気がちで前一年に崩じた。わずか九歳の平帝《へいてい》が迎えられ、元后は王莽に国政を委ねたところ、天下太平で、五穀成熟し、天から甘露が降り、地から醴泉《れいせん》が湧き、鳳凰や神鳥が集まってきたという報告が相次いだ。群臣は元后と王莽の徳をたたえ、王莽には「安漢公《あんかんこう》」の称号が与えられた。それは漢を安《やす》んじるという意味である。

　後五年、平帝は一四歳で崩じ、後嗣にはわずか二歳の劉嬰《りゅうえい》が選ばれた。このとき孟通《もうつう》という者が井戸を掘ったところ、「安漢公の王莽に告ぐ、皇帝となれ」と朱書した上円下方形の白石が発見された。その形は天地をかたどり、その語は天命を意味する。そこで王莽はみずから仮《か》皇帝と称して摂政となり、翌年を「居摂《きょせつ》」と改元した。その後、「王莽よ、真天子となれ」という文書を納めた銅箱が出現したため、群臣たちの支持をえて、王莽は後八年に皇帝の位に即き、国号を「新《しん》」とし、年号を「始建国《しけんこく》」に改めた。かくして王莽は、欺瞞に満ちた讖緯思想を利用し、神秘的な権威を高め、ついに皇帝の座にまでのぼりつめたのである。

陰陽五行思想

こうした讖緯思想に並んでひろがったのが、陰陽五行思想である。陰陽説は、天地や日月、男女など、陰と陽の相反する性質をもつ二つの気が、相互に盛衰をくりかえすという二元論である。一方の五行説は、万物が木《もく》・火《か》・土《ど》・金《こん》・水《すい》という五要素によって成り立ち、それぞれの相生と相剋によって天地万物が変化し、循環するという。

この陰陽五行思想は、周期的な天体の動きや季節の移ろいなど、天や自然の変化を説明する理論であり、前漢末期に天人相関説と結びついて人事を説明する理論にもなった。漢王朝は火《か》徳《とく》で赤色を尊び、それにかわる王莽の新王朝が土徳《どとく》で黄色を尊ぶという説も、この五行思想にもとづいている。また、讖緯思想による予言書にも、陰陽五行思想が反映されている。広西壮族《こうせいそうぞく》自治区低山《ていざん》二号墓から出土した前一世紀末の方格規矩四神《ほうかくきくししん》鏡は、径一八センチ、鏡の陰陽五行思想を直截に記した七言の銘文がある。

視容正己鏡爲右。　容《すがた》を視《み》て己《おのれ》を正《ただ》し、鏡《かがみ》を右《みぎ》と為《な》す。
得氣五行有剛紀。　気《き》を五行《ごぎょう》に得《え》て、剛紀《ごうき》有《あ》り。
法似于天終復始。　法《ほう》は天《てん》に似《かた》どり、終《おわ》りて復《ま》た始《はじ》まる。
中國大寧宜孫子。　中国《ちゅうごく》は大《おお》いに寧《やす》んじ、孫《まご》と子《こ》に宜《よろ》し。

第一行は座右の鏡に映し出された自分の姿をみて襟を正すこと、第二行は五行に則って鋳造された鏡には、強靭な性質が備わっていることをいう。湖南省長沙二一一号墓の方格規矩四神鏡に「聖人の鏡を作るや、気を五行に取る」とあるのも同じである。第三行以下は、五行にもとづく鏡には、天の運行する法則が備わり、それを用いることによって、天下太平の世が末代にまで永続することを予言している。「終復始」は自然の循環を説く陰陽思想にもとづいた語である。なお、「中国」の語は、もともと世界の中心という意味であったが、ここでは漢帝国の領域を指し、今日の「中国」と同義である。

「家」観念の変容

いまみた儒家思想は、皇帝支配の根拠となる政治思想になったため、比較的多くの史料がのこされている。これに対して、儒家思想が人びとの生活にどれほど浸透したのかは、文献の記録が少ないため、あまり明らかになっていない。

しかし、鏡の銘文をみれば、前漢末期に儒家の思想が民間にも少しずつひろがってきていることがわかる。たとえば、河南省洛陽で発掘された後一世紀はじめの方格規矩四神鏡は、径二〇センチ、儒教の祖である孔子を尊崇して銘文にいう。

大哉、孔子志也。　大《おお》いなるかな、孔子《こうし》の志《こころざし》や。
美哉、宣昜負也。　美《うつく》しきかな、婦《ふ》を宣揚《せんよう》せるや。
樂哉、居毋事也。　楽《たの》しきかな、事《こと》なきに居《お》るや。

これは『論語』泰伯《たいはく》の「子曰《いわ》く、大いなるかな、尭《ぎょう》の君たるや。」になぞらえ、各句はすべて「…哉…也。」という構文になっている。『論語』は郷《きょう》や里《り》レベルの学校でも読まれていたから、これは人口に膾炙《かいしゃ》していた言い回しであろう。第二行の「負」は「婦」に通じ、老婦人の意味。鏡の年代からみて、権力の中枢にいた元后を暗喩したのかもしれない。

このころ「家」の観念が大きく変化する。漢以前の王《おう》・侯《こう》・卿《けい》・大夫《たいふ》という上位貴族は、それぞれ祖先をまつり、血統を家の内外に示すことによって、家の威信と財産を継承し、子孫に伝えてきた。前漢後期になると、官僚層が増大し、子弟を教育する学校制度が整備されることによって、儒家思想にもとづく家族観が下級官僚にまでひろがっていった。

漢代には「五口《ごこう》の家」という語があり、庶民は今日のような五人家族の構成が一般的であった。しかし、江蘇省尹湾《いんわん》四号墓から出土した前一世紀末の方格規矩四神鏡には、

八子九孫治中英。　八子《はっし》・九孫《きゅうそん》ありて、中央《ちゅうおう》を治《おさ》めん。
常葆父母利弟兄。　常《とこしえ》に父母《ふぼ》を保《たも》ち、弟《おとうと》・兄《あに》に利《よろ》し。

という二句が銘文の一部にある。鏡をもつような官僚層では、三代にわたる親族（親と兄弟の夫婦およびそれらの子）の結合した大家族が多かった。この銘文も、多くの子や孫に恵まれ、みな中央の政界で活躍し、両親や兄弟が幸せであるよう、祈念している。

「長《なが》く二親《にしん》（両親）を保《たも》つ」という孝の観念や、「長《なが》く子孫《しそん》に宜《よろ》し」などの吉祥句が出現するのも、前漢後期になってからである。両親に孝をつくし、末代まで「家」がつづくよう「子孫」の繁栄が強く望まれたのである。ちなみに、国を家になぞらえた「国家《こっか》」や「漢家《かんか》（漢王朝）」「新家《しんか》（新王朝）」という語が出現するのもこの時期である。

前章にみたように、武帝のころには、夫に見棄てられた妻の歎きをうたう「棄婦歌」が鏡の

銘文にあり、「故《もと》を棄《す》てて新《しん》を娶《めと》るなかれ」というはげしい表現の裏に、自由な男女の恋愛のありようがうかがえた。これに対して、儒家は一夫一婦の「夫婦《ふうふ》相和《そうわ》」を重んじた。前二世紀の小型墓は一人だけを埋葬していたのに、前一世紀になると、夫婦の合葬墓が爆発的に増加する。これも夫婦観の変化を反映している。

王莽が仮《か》皇帝と称して改元したときの居摂元年(後六)連弧文銘帯鏡が、楽浪郡の所在した北朝鮮ピョンヤン市から出土したが、その銘文には次のような四言二句がある。

夫妻相喜、日益親善。　夫妻《ふさい》は相《あ》い喜《よろこ》び、日《ひ》び益《ます》ます親《した》しみ善《よ》からん。

一〇〇年ほどの間に夫婦観が大きく変わり、男女の自由な恋愛よりも、互いに愛おしく思う夫婦像が推奨されるようになったのである。この観念は後漢時代に継承され、「家」を守る夫婦が理想とされるようになるのである。

瑞祥の表象

ところで、めでたいことの前兆としてあらわれる瑞祥は、想像上の神秘的な動植物の形をとることが多く、前一世紀後半に天の瑞獣を主文とする鏡が出現する。生き生きとした細い線で瑞獣を表現するのが特徴で、方格の鈕座をもち、円い天と四角い大地をあらわしたのが方格規矩四神鏡(図13)、円形の鈕座をもち、円い天をあらわしたのが獣帯鏡(図14下参照)である。

　方格規矩四神鏡の方格には、大地の方位を示す十二支《じゅうにし》の銘文があり、各辺に三字ずつ、北辺中央の「子」から時計回りにめぐっている。中心にある半球形の鈕は大地にそびえる山、それを囲む方格は大地、外側の円は天をあらわしている。天円地方《てんえんちほう》の考えである。方格各辺の中央からのびるT字形は天を支える柱、それに対向するL字形と方格の角に対向するV字形は天と地をつなぎ留める道具、円錐形に凸起する乳《にゅう》は星、外周の流雲文《りゅううんもん》は天の雲気をあらわし、内区に四神をはじめとする瑞獣を配している。それが方格規矩四神鏡という名称の由来である。

　文献に記された瑞祥は、為政者の徳をたたえて出現する例がほとんどだが、鏡には瑞祥の出現によって服用者や家族の幸福がかなえられることを予言した銘文がある。たとえば、後一世紀はじめの方格規矩四神鏡には、次のような銘文がある。


　鳳皇翼翼在鏡則。　鳳凰《ほうおう》翼翼《よくよく》として、鏡《かがみ》の側《そば》に在《あ》り。

　多賀君家受大福。　多《あつ》く君《あなた》の家《いえ》を賀《よみ》し、大《おお》いなる福《ふく》を受《う》く。

　幸逢時年獲嘉德。　幸《さいわ》い時《こ》の年《とし》に逢《あ》い、嘉徳《かとく》を獲《え》る。

　官位尊顯蒙祿食。　官位尊顕《かんいそんけん》し、禄食《ろくしょく》を蒙《こうむ》る。

　長保二親得天力。　長《なが》く二親《にしん》を保《たも》ち、天禄《てんろく》を得《え》る。

図 13 「王氏作」方格規矩四神鏡

傳之後世樂無極。　之《こ》れを後世《こうせい》に伝《つた》え、楽《たの》しみ極《きわ》まり無《な》し。

初句では翼《つばさ》が重なるほど多くの鳳凰が飛来し、鏡の横にとどまることをいう。想像上の鳥である鳳凰は、天から降りてきた瑞祥である。第二行以下は、その結果として、鏡をもつ人の家族が、出世して高給取りになり、両親は長生きして天寿を全うし、後の世代にも至福が受け継がれていくと予言している。出世をいう内容からみて、これらの鏡は市場での購入者として官僚層をターゲットにしているのであろう。

四神とそのはたらき

方格規矩四神鏡の主たる文様である四神とは、青龍《せいりゅう》・白虎《びゃっこ》・朱雀《しゅじゃく》・玄武《げんぶ》をいう。瑞獣のうち天の星座である龍・虎・鳥・亀を指し、五行思想によってそれぞれ東・西・南・北の四方と青・白・赤・黒の四色に配当される。中央の黄龍は、ふつう四神には含まれない。また、北の玄武は、亀に蛇がからみついた奇妙な形であらわされることが多い。

このような四神は、武帝代の『淮南子』や『史記』ではまだ流動的であり、図像として表象されることもなかった。それが前一世紀後半に鏡の図像としてあらわされるようになり、五行思想によって四神が固定化したのは紀元後のことである。方格規矩四神鏡の変化からみると、鈕座の方格に十二支の銘文を配し、大地の方位が定まった紀元後の段階に、四神とその配置が完成している。つまり方格規矩四神鏡は、王莽代に定型化したのである。

東・西・南・北それぞれの神格である四神は、奈良県明日香《あすか》村の高松塚《たかまつづか》古墳やキトラ古墳の石室壁画として有名だが、前漢末期の四神はそうした役割に限定されていたわけではなかった。方格規矩四神鏡の銘文に、四神は次のように記されている。

左龍右乕主三彭。　左龍《さりゅう》と右虎《うこ》は四方《しほう》を主《つかさど》る。
朱爵玄武順陰陽。　朱雀《しゅじゃく》と玄武《げんぶ》は陰陽《いんよう》を順《ととの》える。

南面したときの「左龍」は東の青龍、「右虎」は西の白虎で、「朱爵」は朱雀であり、「朱鳥《しゅちょう》」とも記される。「三彭」は「四方」であり、天の全方位をいう。あるいは、

左龍右乕辟不羊。　左龍《さりゅう》と右虎《うこ》は不祥《ふしょう》を辟《しりぞ》ける。
朱鳥玄武順陰陽。　朱鳥《しゅちょう》と玄武《げんぶ》は陰陽《いんよう》を順《ととの》える。

という例も多い。すなわち、青龍と白虎は、左右にあって四方を守り、悪霊など不祥なものを退け、朱雀と玄武は、陰陽を調和するというのである。朱雀と玄武は、南と北に位置するため、陰陽を調和し、天体の運行を助けるはたらきが期待されたのであろう。玄武の亀は陰の性質をもつため、雄の性質をもつ蛇を結びつけたと後漢の許慎《きょしん》『説文解字《せつもんかいじ》』が説くのも、雌雄(陰陽)

の性的結合が宇宙や生命の再生には必要と考えられたからであろう。

日月《じつげつ》・星辰《せいしん》は刻々と変化し、その動きには法則性がある。時の流れは天の十干《じっかん》と地の十二支とを組み合わせた干支《かんし》によって秩序づけられ、陰陽の調和によって季節が周期的にめぐってくる。「円なる天を頭に戴き、方なる地を踏み、正しく東西南北の方向を体すれば、内は身を治め、外には人を得、天下に号令してみなその風に従わせることができる」(『淮南子』本経訓《ほんけいくん》)。鏡に天地の宇宙があらわされたのは、気まぐれにみえる人の運命でも、宇宙をかたどる鏡を服用すれば、天の法則性を享受し、大いなる幸福がえられると考えられたからであろう。

西王母の出現

哀帝のとき、前三年の春にひどい旱魃があった。その夏、都の長安や地方の人びとは、あちこちの道路に寄り集まって博局《すごろく》の用意をし、歌舞して西王母《せいおうぼ》をまつった。また、手紙を伝えて「西王母が百姓《ひゃくせい》(庶民)たちに告げる。この手紙を身に佩《お》びるものは死なない。わたしのことばが信じられないなら、門の枢《くるる》の下をみよ。そこに白髪があるはずだ」といった。この騒ぎは秋になって収まったという(『漢書』五行志)。

旱魃の中で、不死の神仙たる西王母が爆発的な信仰を集めたのである。そのとき杜鄴《とぎょう》という人が西王母に元后をなぞらえる讖緯説を唱えた(五行志)。ときに隠然たる権力をもっていた元后は、六九歳という高齢であり、西王母がその長寿を嘉する瑞祥とみなされたのであろう。西王母はまた、緯書にもとりあげられている。孔子は「怪力乱神を語らず」と語ったが、このころの儒家は神仙思想をも自家薬籠中のものとしていたのである。

河南省洛陽西郊《せいこう》三〇一四号墓から出土した方格規矩四神鏡に「寿《いのち》は金石・西王母の如し」という銘文があり、鏡を用いた人は、金属や石のように朽ちはてることがなく、西王母のような長寿がかなえられると予言している。ちょうど西王母信仰の騒ぎがあったころの作品であり、不死の神格として西王母が実際に信仰されていたことが確かめられる。

西王母の名は、戦国時代に成立した『山海経《せんがいきょう》』にはじめてあらわれる。西王母は西方の玉山《ぎょくざん》や崑崙山の穴の中に住み、「その姿は人のようだが、豹《ひょう》の尾と虎の歯が生えている。遠吠えのように唸っている。ざんばら髪で、〝勝《しょう》〟という頭飾りを戴いている」という半人半獣の恐ろしい姿であらわされている。また、司馬相如が武帝のために仙遊の楽しみを叙述した「大人《だいじん》の賦」(『漢書』司馬相如伝下)では、陰山《いんざん》(内蒙古自治区)で目撃した西王母は、白髪の頭に〝勝〟を戴き、穴に住み、三足烏《からす》が使者の役目をはたしていたという。武帝代でも西王母は『山海経』と同じようなイメージでとらえられていたらしい。

西王母の図像が出現するのは前漢末期になってからである。空心塼《くうしんせん》という墓室のレンガや陶器にあらわされた西王母は、美しい女性の形象で、崑崙山のような山に坐り、臼と杵で不死の仙薬を搗く兎、三足烏、九尾狐などの瑞獣をともなっていることが多い。それぞれ月兎《つきのうさぎ》、八咫烏《やたがらす》、玉藻前《たまものまえ》として日本の説話にも登場し、八咫烏は日本サッカー協会のシンボルマークにもなっている。月兎が搗いているのは餅ではなく、本来は不死の仙薬であった。

四神など天の瑞獣を主文とする方格規矩四神鏡にも、まれに西王母の図像があらわされている。すべて紀元前後の鏡であり、『漢書』に記録する西王母信仰の流行を裏づけている。

たとえば、奈良市の寧楽《ねいらく》美術館に所蔵する方格規矩四神鏡をみると(図14上)、内区は四区画に分けられ、規矩文のT字形とL字形の間に朱雀が羽根を大きくひろげ、その前に西王母が坐っている。朱雀の後ろには芝草をもつ仙人、その下には九尾狐があり、西王母のもとに駆け寄っている。鈕の反対側には亀に蛇のからむ玄武が中央にあり、仙薬を搗く兎、大きな角をもつ鹿、三足烏などがその周りにある。鈕の左には青龍と仙人、右には白虎と熊があり、四区それぞれに朱雀・玄武・青龍・白虎が配置されている。西王母は西方の山に住むと考えられているが、ここではその名のように西に位置するのではなく、南の朱雀の区画に位置している。しかも、西王母に仙人と九尾狐がともない、兎と三足烏は玄武の区画に位置している。

図 14　西王母のあらわされた鏡
上：方格規矩四神鏡
下：始建国二年(10)獣帯鏡

西王母があらわされたほかの方格規矩四神鏡をみても、西王母とその眷属《けんぞく》は、北か南に位置することが多い。東王公《とうおうこう》（第五章参照）の配偶された例がなく、いずれも西王母が単独であらわされていることから、西王母は陰と陽の両性を具有する神仙であったと考えられる。

方格規矩四神鏡の銘文にあるように、朱雀と玄武は南と北にあって陰陽を調えるはたらきをもっていた。西王母が南北方向に配置されたのは、同じように陰陽を調和して天の周期的な運行を助けるはたらきが期待されたからであろう。しかし、方位を示す十二支の銘文を方格に入れ、四神のそれぞれがもつ方位の属性が強まって、方格規矩四神鏡が定型化すると、西王母の図像はしだいに消失していくことになる。

神仙思想

武帝は神仙術を体得したという方士《ほうし》の言を信じ、不老不死の神仙を求めた。しかし、西王母をはじめとする神仙が鏡の図像や銘文に出現するのは、前漢後期になってからのことである。前章にみたように、武帝のころは銘文を主文とする銘帯鏡が流行し、それも楚歌に由来する抒情詩が中心であった。これに対して神仙世界を描写した前一世紀後葉の銘文は、長さに制約があるものの、賦に類似する叙事詩の一種である。たとえば、河南省洛陽西郊七〇五二号墓の方格規矩四神鏡には、次の銘文がある。

福熹進兮日以前。　福喜《ふくき》　進《すす》みて、日《ひ》び以《もっ》て前《すす》めん。
食玉英兮飲澧泉。　玉英《ぎょくえい》を食《く》らい、醴泉《れいせん》を飲《の》む。
駕交龍兮乘浮雲。　交龍《こうりゅう》に駕《が》して、浮雲《うきぐも》に乗《の》る。
白帍引兮上泰山。　白虎《びゃっこ》　引《ひ》きて、泰山《たいざん》に上《のぼ》る。
鳳皇集兮見神仙。　鳳凰《ほうおう》　集《あつ》まり、神仙《しんせん》を見《み》る。
保長命兮壽万《ママ》年。　長命《ちょうめい》を保《たも》ち、寿《いのち》は万年《まんねん》ならん。
周復始兮八子十二孫。　周《めぐ》りて復《ま》た始《はじ》まり、八子《はっし》と十二孫《じゅうにそん》あり。

三言二句を助辞の「兮」でつないだ「九歌」A2式である。しかし、もはや前章にみたような楚歌に由来する抒情詩ではなく、泰山に登って目睹した神仙のありさまが描写されている。そして最後に、この鏡を用いれば、長生がかなえられ、多数の子孫にめぐまれるという効能書きを並べている。楚歌の形は受け継ぎながら、内容はいちじるしく変化し、三言のリズムにも軽やかな遊戯性すら感じさせる。

王莽が新王朝を立てたころ、この用語を改めた七言の銘文が出現する。これも方格規矩四神鏡に用いられた定型的な銘文である。

作佳鏡哉眞大好。　佳《よ》き鏡《かがみ》を作《つく》れるかな、真《まこと》に大《おお》いに好《よろ》し。
上有仙人不知老。　上《うえ》には仙人《せんにん》有《あ》りて、老《お》いを知《し》らず。
渴飲玉泉飢食棗。　渇《かわ》いては玉泉《ぎょくせん》を飲《の》み、飢《う》えては棗《なつめ》を食《く》らう。
浮游天下敖三海。　天下《てんか》に浮游《ふゆう》し、四海《しかい》に敖《あそ》ぶ。
壽敝金石爲國保。　寿《いのち》は金石《きんせき》とともに敝《つ》き、国《くに》の宝《たから》と為《な》らん。

天上では不老不死の仙人が、玉泉を飲んで棗を食べ、四方の仙界を周遊しているさまが描写されている。前の方格規矩四神鏡もそうだが、内区の図像は四神が中心で、銘文に登場する仙人は青龍に芝草を与える一体のみである。このころの鏡は図像と銘文の内容が一致しないことが多く、図像を彫る工人と銘文を刻む工人とが別人であったのだろう。それは鏡が大がかりな工房において分業体制のもとで生産されていたことをうかがわせる。

王莽の鏡

王莽は後八年に新王朝を開いた。帝位を簒奪したことから、後世の歴史家により悪逆無道の偽善者とみなされているが、儒家思想にもとづく諸政策は、世論の支持を得て実施されたことも事実である。後一〇年につくられた獣帯鏡は(図14下、六三頁)、径一六センチ、鈕の下に西王母と仙薬を搗く兎があらわされ、周縁にめぐらされた銘文にいう。

唯始建國二年新家尊。　唯《こ》れ始建国二《しけんこくに》年《ねん》、新家《しんか》 尊《とうと》し。

詔書數下大多恩。　詔書《しょうしょ》 数々下《たびたびくだ》りて、大《おお》いに恩《おん》 多《おお》し。

賈人事市、不躬嗇田。　賈人《こじん》は市《あきない》を事《こと》とし、躬《みずか》ら田《た》を嗇《むさぼ》らしめず。

更作辟雍治校官。　更《あらた》めて辟雍《へきよう》を作《つく》り、校官《こうかん》を治《おさ》む。

五穀成孰天下安。　五穀《ごこく》 成熟《せいじゅく》して、天下《てんか》 安《やす》んず。

有知之士得蒙恩。　知《ち》有《あ》るの士《し》は、恩《おん》を蒙《こう》むるを得《え》る。

冝官秩葆子子孫。　官秩《かんちつ》に宜《よろ》しく、子《こ》と子孫《しそん》を保《たも》たん。

第一行の「新家」は「漢家」にかわる語で、国を「家」とみたてている。第三行は商人の土地所有を禁じ、天下の耕地を王田となして、その売買を禁止したことをいう。それは儒家の理想とする周の土地制度で、大土地所有を制限するのが目的であったが、社会不安をまねき、三年後に廃止された。第五行はその法律が施行されたことによって、五穀豊穣で天下は安寧になったと誇っている。第四行の「辟雍」は周の礼制建築、「校官」は学校のことで、後三年から四年にかけて王莽が礼制・学制改革を進めたことをいう。別の方格規矩四神鏡にも、

新興辟雍建明堂。　新《しん》 辟雍《へきよう》を興《おこ》し、明堂《めいどう》を建《た》つ。

諸生萬舎在北方。

諸生《しょせい》の万舎《ばんしゃ》は北方《ほっぽう》に在《あ》り。

という類似句がある。「辟雍」と「明堂」は一連の礼制建築であり、長安城の南郊でその関連遺跡が発掘されている。「諸生」は学生のこと。前漢後期には郷や里という行政組織の末端に書館《しょかん》という教育施設があり、初等教育として字を覚え、『孝経《こうきょう》』や『論語《ろんご》』などを読誦した。これを修めた学童は、「諸生」として郡国や県の学校で高等教育を受け、さらに都の太学《たいがく》に進学したのである。長安周辺の地理を記した『三輔黄図《さんぽこうと》』によれば、王莽のとき長安城の北郊に一万棟もの太学の校舎があったと伝え、この銘文はそれを裏づけている。

このような学校制度が全国的に整備されたことにより、儒学がひろく普及し、多数の儒家官僚が育成されていった。前鏡の銘文の第六行と第七行は、高給取りになって子孫が繁栄するという鏡の効能をうたっている。

識字率が向上し、儒家官僚が増大したことにより、王莽が目をつけたのは、鏡をプロパガンダとして利用することであった。天地の宇宙を象徴する鏡は、讖緯と陰陽五行という儒家思想をわかりやすく図解しており、しかも下級官僚たちの間に日用品としてひろく普及していたから、鏡は世論を誘導する恰好のメディアになった。そのため王莽は、全国一二万人あまりの官吏とその家族を主なターゲットに、みずからの施策と功績を宣揚し、その鏡を所有すれば、出世して高給取りになり、子孫が繁栄するだろうという甘言を銘文に記したのである。

「尚方」鏡の出現

鏡をプロパガンダとして利用するようになった王莽は、当然のなりゆきとして、みずから鏡を制作するようになった。さきの図13（五七頁）に示した方格規矩四神鏡は、銘文の冒頭に「王氏」の明鏡であることをうたい、王莽の建国した「新家」を嘉していることから、王莽の命令により官営工房で制作された可能性が高い。

王氏作竟三夷服。　王氏《おうし》 鏡《かがみ》を作《つく》るに、四夷《しい》 服《ふく》す。
多賀新家民息。　多《あつ》く新家《しんか》を賀《よみ》し、民《たみ》 息《いこ》う。
胡虜殄滅天下復。　胡虜《こりょ》 殄滅《てんめつ》して、天下《てんか》 復《ふく》す。
風雨時節五穀孰。　風《かぜ》と雨《あめ》は時節《じせつ》あり、五穀《ごこく》 熟《じゅく》す。
長保二親子孫力。　長《なが》く二親《にしん》を保《たも》ち、子孫《しそん》 禄《ろく》あり。
官位尊顯蒙祿食。　官位尊顕《かんいそんけん》し、禄食《ろくしょく》を蒙《こうむ》る。
傳之後世樂無極。　之《こ》れを後世《こうせい》に伝《つた》え、楽《たの》しみ極《きわ》まり無《な》し。
大利兮。　大《おお》いに利《よろ》し。

第四行までは、王莽の威力によって四方の蛮夷が帰服し、天下太平の世がふたたび訪れたこと、季節が順調にめぐって五穀豊穣の恵みがあったことを自賛している。第五行以下は、両親が長生きして天寿を全うし、後の世代に至福が受け継がれていくと予言する。この「王氏」鏡は、すべて方格規矩四神鏡であり、新王朝の十数年間に制作されたものである。

これとは別に中央官庁に属する「尚方《しょうほう》」でも鏡の鋳造がはじまっている。それは天子御料の貴重品や美術工芸品を制作した役所をいう。秦代にはじまり、漢代に継承されたが、作鏡者として銘文に登場するのは新王朝になってからである。大阪府紫金山《しきんざん》古墳から出土した方格規矩四神鏡には、次のような銘文がある(図15上)。

新有善銅出丹陽。　新《しん》に善《よ》き銅《どう》有《あ》り、丹陽《たんよう》に出《い》づ。
湅治銀錫清而明。　銀《ぎん》と錫《すず》を錬冶《れんや》するに、清《きよらか》にして明《あきらか》なり。
尚方御竟大毋傷。　尚方《しょうほう》の御鏡《おんかがみ》は、大《おお》いに傷《きず》なし。
巧工刻之成文章。　巧《たくみ》なる工《こう》は之《こ》れを刻《きざ》み、文章《ぶんしょう》を成《な》す。
左龍右乕辟不羊。　左龍《さりゅう》と右虎《うこ》は不祥《ふしょう》を辟《しりぞ》く。
朱鳥玄武順陰陽。　朱鳥《しゅちょう》と玄武《げんぶ》は陰陽《いんよう》を順《ととの》う。
子孫備具居中央。　子孫《しそん》 備具《びぐ》し、中央《ちゅうおう》に居《お》らん。

図 15 「尚方」の方格規矩四神鏡
上：大阪府紫金山古墳出土
下：佐賀県桜馬場甕棺墓出土

長保二親樂富昌。長《なが》く二親《にしん》を保《たも》ち、楽《たの》しみ富《と》み昌《さか》えん。

壽敝金石如侯王。寿《いのち》は金石《きんせき》とともに敝《つ》き、侯王《こうおう》の如《ごと》くあらん。

冒頭は、先行する「漢有善銅」の「漢」を新王朝の「新」に改めた句。「丹陽」は長江下流域にあった郡で、漢代には銅の採掘を管轄する銅官《どうかん》が置かれていた。本鏡はその「善き銅」を用いて「尚方」でつくられた「御鏡」、すなわち宮廷の御料であり、それにふさわしい径二四センチ（漢尺で一尺あまり）、重さ一キログラムあまりの優品である。

第四行以下は、すぐれた工人が文様を鋳型に彫刻し、四神のはたらきにより、服鏡者にさまざまな幸いがもたらされることを予言している。さきの「王氏」鏡とちがって、官営工房の制作であるにもかかわらず、ここには王莽の施策と功績を宣揚する文言がなく、出世や高給取りになることを予祝する語も記されていない。それは「王氏」鏡が一般官僚層に対するプロパガンダとして制作されたのに対して、この「尚方」鏡は朝廷に上納する御料であり、王侯貴族を対象に制作されたからであろう。

日本列島の倭人は、紀元前一世紀から楽浪郡（北朝鮮）を通じて漢王朝と交流していた。この「尚方」鏡は、市場に流通する商品ではなく、王莽から下賜されたものであり、大阪平野にも海を渡って交流する倭人がいたことをものがたっている。

第四章　自立する鏡工たち
――後漢前期に生まれた淮派

マンネリズムに陥る「尚方」

王莽の失政や飢饉により各地で反乱が起き、新王朝は二三年に滅亡した。光武帝（在位二五～五七）は後漢を建国して洛陽を都としたが、各地には群雄が割拠し、鏡生産の中心であった淮南（安徽省）や東方辺境の楽浪郡が平定されたのは三〇年、蜀（四川省）の公孫述《こうそんじゅつ》が滅ぼされて再統一が完成したのは三六年のことである。

後漢初期の代表的な鏡に内行花文《ないこうかもん》鏡と方格規矩四神鏡がある。どちらも王莽代に流行した型式を踏襲し、内行花文鏡は黄河流域より北に、方格規矩四神鏡は淮河流域より南に主に流通している。その方格規矩四神鏡の生産をほぼ独占していたのが「尚方《しょうほう》」である。「尚方」は宮廷で用いる御料の制作工房であり、王莽代に鏡の生産をはじめたことは前章にみた。

弥生時代の佐賀県桜馬場《さくらのばば》甕棺墓から出土した「尚方作」方格規矩四神鏡は（図15下、前章七一頁)、径二三センチと大きいが、紫金山古墳の「尚方」鏡(図15上)より文様は簡略で、銘文の字形もやや草卒である。その銘文は「尚方御竟」を「尚方作竟」に改め、次のようにいう。

尚方作竟眞大好。　尚方《しょうほう》鏡《かがみ》を作《つく》るに、真《まこと》に大《おお》いに好《よろ》し。
上有仙人不知老。　上《うえ》には仙人《せんにん》有《あ》りて、老《お》いを知《し》らず。
渇飲玉泉飢食棗。　渇《かわ》いては玉泉《ぎょくせん》を飲《の》み、飢《う》えては棗《なつめ》を食《く》らう。
浮游天下敖四海。　天下《てんか》に浮游《ふゆう》し、四海《しかい》に敖《あそ》ぶ。
徘徊名山采芝草。　名山《めいざん》を徘徊《はいかい》し、芝草《しそう》を采《と》る。
壽如金石之國保兮。　寿《いのち》は金石《きんせき》の如《ごと》く、国《くに》の宝《たから》に之《いた》らん。

これは皇室に上納する「御鏡」ではなく、民間の市場に向けて販売された「尚方作」鏡であろう。「真大好」以下は王莽代に成立した前掲の定型文(六六頁)から多く借用し、仙人が玉泉を飲んで棗を食べ、四方を周遊して芝草を採るさまを描いている。

このような「尚方作」鏡は、図像文様と銘文が王莽代から連続的に変化しており、「尚方」工房での鏡生産はそのまま後漢代へと維持されたらしい。しかし、その工房は王朝交替の混乱によって朝廷のコントロールからはずれたと考えられる。

鏡生産に特化した「尚方」工房は、淮南に所在した可能性が高い。淮南は古くから銅鏡生産の中心地であり、有名な銅の産地である丹陽(安徽省)に近く、王莽代の「尚方」鏡に「銅出丹陽」の語が用いられたこと、「尚方作」鏡は主に淮河流域より南にひろがっていること、後述のように、淮南を中心に活動する淮派《わいは》の鏡工たちは、もともと「尚方」に属していたからである。王莽が滅んで光武帝が淮南を回復するまで七年を要したことに加えて、長年の戦乱によって帝室財政が逼迫し、官営工房は整理縮小の対象となったことから、「尚方」工房はそのブランド名を利用しながら自力更生の道を歩まざるをえなかったのであろう。

この「尚方」は鏡生産に特化したとはいえ、もとは官営工房であっただけに、相応の規模と人員を備えていたのであろう。しかし、桜馬場の「尚方作」鏡は、図像と銘文が定型化しているだけでなく、四神を主とする図像と仙界をあらわす銘文の内容とが一致せず、図像を彫る工人と銘文を刻む工人との連携がはかられていなかった。定型化した単一の商品を大量に生産する工房にはありがちなことだが、制作の各工程がルーチンワークになり、しだいにマンネリズムに堕ちていった。銘文は字形がくずれて字数が減少し、方格の十二支銘が省略されると、四神が不完全になって図像のすべてが鳥形に変化し、外区が流雲文から鋸歯文《きょしもん》になり(図43上参照)、三重の鋸歯文帯が二重から一重へと省略されていったのである。

鏡の価格

一方、北中国を中心にひろがった内行花文鏡は、内向きの円弧を連ねた連弧文銘帯鏡(図12参照)の銘帯が斜角雷文帯《しゃかくらいもんたい》に置換することによって成立した。細い線で瑞獣をあらわした方格規矩四神鏡とは対照的に、平面的な幾何学文からなっている。また、鈕座の四葉文や連弧文の間に四言の吉祥句を入れるほかは、銘文をもたないところに特徴がある。

その中で米国ハーバード大学美術館蔵の内行花文鏡は、内区外周の斜角雷文帯に「永平《えいへい》七年正月作」と「公孫家作竟」という銘文があり(図16上)、六四年に「公孫家」という民間の工房が制作した、希有な作例である。鈕座には四葉文の間に「竟直三百(鏡《かがみ》は三百《さんびゃく》に値《あたい》す)」という銘文があり、本鏡の価格は三〇〇銭と解釈できる。これは定価を明示した唯一の鏡であり、商品として市場で販売されたことを示している。径は一三センチ、当時としては平均的な大きさで、重さの情報はないが、類例からみて三〇〇グラムあまりと推測される。後漢前期に通用していた銅の五銖銭《ごしゅせん》は一枚が三・〇～三・二グラムであるから、本鏡の銅原料はおよそ一〇〇銭分に相当し、鏡としての付加価値はおよそ二〇〇銭と推算できる。

当時の物価でいえば、三〇〇銭はどれほどの価値があるのだろうか。その五年後(永平一二年)に「粟《ぞく》は斛《こく》ごとに三十」(『後漢書』明帝紀)とあり、一斛(=約二〇リットル)あたりの穀物価格

図 16　永平七年(64)鏡
上：「公孫家作」内行花文鏡
下：「尚方作」獣帯鏡

が三〇銭という。平和な時代になって豊作がつづいたために、これは穀価が三〇銭にまで暴落したという記事であり、前漢時代には一斛あたり七〇〜八〇銭が相場で、一〇六年の記録では七一銭まで上昇したとされる。かりに一斛あたり五〇銭として計算すると、三〇〇銭の本鏡は、穀物六斛の価格に相当する。

ちなみに、建武二六年(五〇)における官吏の月俸は、県長が四〇〜四五斛、郡県の中級官吏で一六斛、下級官吏の斗食《としょく》で一一斛、佐史《さし》で八斛というから(『続漢書《しょくかんじょ》』百官志《ひゃっかんし》五)、その鏡は下級官吏の月俸より安価である。また、成人男子一人はひと月あたり三斛を消費したから、およそ二か月分の食費に相当する。本鏡のようなブランド品でなくとも、もっと小さく安い鏡もたくさんあっただろうから、銅鏡は下級官吏の給与でも十分に購入できたはずである。市場に銅鏡が出回っていた後漢時代には、日用品として購買する人が多かったにちがいない。

「青盖」の志

話を「尚方」に戻すと、その工房では王莽代よりもっぱら方格規矩四神鏡が制作されていたが、図像文様や銘文がしだいに形式化していった。こうした「尚方」のマンネリズムに不満を募らせる有能な鏡工たちは、むしろ獣帯鏡に制作の比重を移すようになった。両種とも四神をはじめとする瑞獣を細い線であらわす主文の特徴は共通するが、天円地方の宇宙をあらわす方格規矩四神鏡は、方格鈕座の方位に合わせて四神が配置されているのに対して、円形鈕座をもつ獣帯鏡には方位の規制がなく、瑞獣は自由に配置できたからである。

手はじめに制作されたのが「永平七年九月造真《ママ》」と記された「尚方作」獣帯鏡である（図16下）。同年正月に前述の「公孫家作」内行花文鏡が制作されており、その情報が淮南に伝わったのだろう。半世紀あまり紀年鏡が途絶えており、その「真《まこと》を造《つく》る」という語には、正真正銘の鏡をつくることにより、「公孫家」に対抗しようとする「尚方」の強い意志が感じられる。径一九センチ、内区には四神を含む七体の瑞獣があらわされている。

つづいて岐阜県城塚《しろつか》古墳の出土と伝える「尚方作」獣帯鏡（五島美術館蔵）が制作された（図17上）。径二〇センチ、「永平七年」鏡と同じように四神を含む七体の瑞獣が内区にあらわされている。その銘文は整った七言八句で、次のようにいう。

尚方作竟大毌傷。　尚方《しょうほう》　鏡《かがみ》を作《つく》るに、大《おお》いに傷《きず》なし。
巧工刻之成文章。　巧《たく》みなる工《こう》は之《こ》れを刻《きざ》み、文章《ぶんしょう》を成《な》す。
左龍右虎辟不羊。　左龍《さりゅう》と右虎《うこ》は不祥《ふしょう》を辟《しりぞ》く。
朱鳥玄武順陰陽。　朱鳥《しゅちょう》と玄武《げんぶ》は陰陽《いんよう》を順《ととの》う。

子孫備具居中央。
長保二親樂富昌。
壽敝金石如矦王。
青盖爲志何巨央。

子孫《しそん》備具《びぐ》し、中央《ちゅうおう》に居《お》らん。
長《なが》く二親《にしん》を保《たも》ち、楽《たの》しみ富《と》み昌《さか》えん。
寿《いのち》は金石《きんせき》とともに敝《つ》き、侯王《こうおう》の如《ごと》くあらん。
青盖《せいしょう》の志《こころざし》を為《な》すや、何《なん》ぞ央《つ》きん。

末句をのぞいて前章にみた紫金山古墳の「尚方」方格規矩四神鏡とほぼ同じ銘文を用いている。ただし、民間に販売する本鏡は、その「尚方御竟」を「尚方作竟」に改めている。後漢の「尚方作」方格規矩四神鏡の銘文は、おしなべて仙人の様子を描写し、図像と銘文とが一致しなかったが、この獣帯鏡では、すぐれた鏡工が文様を刻み、図像にあらわされた四神は辟邪と陰陽を調えるはたらきがあることをうたっている。

五〇年ほど前の銘文を用いたのは、皇帝に「御鏡」を上納していたときの「尚方」に回帰しようという意志のあらわれであり、それが末句にいう「青盖の志」ではなかろうか。カールグレンが考証したように、その「盖」は「羊」に「皿」を加えた字で、「祥《しょう》」の仮借であり、「青祥」は緑色の吉祥なる金属をいう。有志の鏡工たちは「青盖」を雅号とするグループを「尚方」工房の中に立ちあげ、「尚方作」の本鏡を試作したのである。

図 17 「青盖」獣帯鏡
上：伝岐阜県城塚古墳出土
下：ピョンヤン市貞柏里 2 号墓出土

浮彫文様の創作

ほどなくして「青盖」は浮彫《うきぼり》の盤龍文《ばんりゅうもん》を創出する。それは龍や虎が鈕の下から上半身を出し、牙をむいて対向するという奇抜なモチーフであり、獣帯鏡の鈕座に出現した。この立体的な浮彫は、後に述べる画像鏡や神獣鏡などのさきがけになる画期的な表現手法である。銘文に「左《さ》龍《りゅう》と右虎《うこ》は不祥《ふしょう》を辟《しりぞ》く」というように、たけだけしい龍と虎の威力によって、悪霊を退けるはたらきが期待されたのであろう。

この盤龍文を「青盖」はまず「尚方作」鏡に用いた。気迫に満ちた龍虎の表現に自信を深めたのか、かれらはまもなく「尚方」から独立して「青盖作」鏡の制作をはじめた。その工房が「尚方」の中に間借りする形で存在したのか、それとも別の場所で工房を開いたのかはわからないが、いまや「青盖」ブランドとして出発することになったのである。その例がピョンヤン市貞柏里《ていはくり》二号墓の「青盖作」獣帯鏡である(図17下)。先行する獣帯鏡と同じように内区の瑞獣は細い凸線であらわすが、浮彫の盤龍文をはじめとする文様は精美であり、径二四センチと大きく、同時期の「尚方作」方格規矩四神鏡とは比較にならない優品である。

つづいて「青盖」は盤龍文を主文とする盤龍鏡を創作した。いまみた「青盖作」獣帯鏡の主文を省略した鏡で、その分だけ小さくなり、ほとんどが径一五センチ以下である。おそらく大型鏡は高額にすぎるため、安価な小型鏡をつくったのであろう。この戦略は一般のニーズに合致したらしく、以後、同じ工房内で大型鏡と小型鏡とをつくり分けることが一般化する。

官営工房の変質

同じころ漆器生産でも官営工房に変化があらわれている。四川の蜀郡や広漢《こうかん》郡には前漢代より郡の管轄する官営工房の「工官《こうかん》」が設置され、皇帝の用いる「乗輿《じょうよ》」漆器が制作されていた。後漢代では四五年から七一年までの「乗輿」漆器が知られ、いずれも針書きで工房名のほか監督官人や工人の名を刻んでいるのが特徴である。ところが北朝鮮ピョンヤン市の王盱《おうく》墓から出土した漆盤には、外底の中央に次のような朱書がある。

永平十二年、蜀郡西工、綊紵行三丸、治千二百、盧氏作、宜子孫、牢。

これは永平一二年(六九)に「蜀郡西工」の「盧氏《ろし》」が制作したもので、「乗輿」漆器にはありえない「子孫に宜し」という吉祥句が加えられている。「綊紵《きょうちょ》」は布を漆で固めて器体を制作したこと、「行三丸《こうがん》」は漆を三度塗ったこと、末字の「牢」は本器が堅牢であることをいう。「治《ち》千二百」は制作費が一二〇〇銭という意味。前にみた「永平七年」鏡の価格は三〇〇銭であるから、その四倍である。「蜀郡西工」という官営工房であるにもかかわらず、「盧氏」という個人の漆工が制作し、吉祥句や制作費が書かれていることから、蜀郡の「工官」では「乗輿」漆器の制作に併行して民間に向けた商品生産もおこなわれていたことがわかる。

明帝の永平年間(五八〜七五)は天下太平にして後漢の最盛期であったが、官営工房であっても朝廷に製品を上納するだけでは経営が成り立たなくなったのである。この漆盤は崑崙山に坐る西王母と龍・虎を盤面の端に描いているが、それも「乗輿」漆器には例のない図柄であり、「盧氏」は民間のニーズに合わせて特別にこれを制作したのであろう。

後漢代は、このような工芸品はもとより、塩や鉄のような国家の基幹産業ですら中央の統制がむずかしくなっていた。章帝《しょうてい》(在位七五〜八八)は塩と鉄の専売を一時的に復活したものの、まもなく廃止に追いこまれ、民間に生産を委ねて税を徴収する方式に変更せざるをえなかった。武器や牛馬など国家体制の維持に欠くことのできないものは別として、鏡や漆器などの日用品は、民間に生産を委託することで十分に対応できたと考えられる。

自立する有志の鏡工たち

話を「尚方」工房に戻すと、「青盖」につづいて「銅槃《どうばん》」という鏡工グループが自立する。「銅槃」も鋳造の吉祥語にちなむ工房名であろう。この「銅槃」がまず「尚方」にて制作したのが盤龍文の鈕座をもつ「尚方作」獣帯鏡で、径一七センチ、「青盖」にならって銘文の最後に「銅槃志兮(銅槃《どうばん》 志《こころざし》あり)」とうたう。

つづいて制作したのが「銅槃作」獣帯鏡で、径二二センチあまり、四神を含む内区の主文は「青盖作」鏡に近似するが、鈕座には盤龍文のかわりに銘帯をめぐらせるところに特徴がある。その銘文は次のようにいう。

銅槃作竟四夷服。　銅槃《どうばん》 鏡《かがみ》を作《つく》るに、四夷《しい》 服《ふく》す。
多賀國家人民息。　多《あつ》く国家《こっか》を賀《よみ》し、人民《じんみん》 息《いこ》う。
胡虜殄威天下復。　胡虜《こりょ》 殄滅《てんめつ》して、天下《てんか》 復《ふく》す。
風雨時節五穀孰。　風《かぜ》と雨《あめ》は時節《じせつ》あり、五穀《ごこく》 熟《じゅく》す。
長保二親得天力。　長《なが》く二親《にしん》を保《たも》ち、天禄《てんろく》を得《え》ん。
樂兮。　楽《たの》しまん。

前章にみた王莽代の銘文を借用しつつ、王莽を倒した後漢王朝に配慮して「王氏作」を「銅槃作」に、「多賀新家」を「多賀国家」に改めている。上述の『後漢書』明帝紀にあるように、これは平和で豊作のつづいた時勢にかなう内容の銘文であったのだろう。

図18　河南省新野出土「池氏作」獣帯鏡

「池氏」工房の独立

このような有志の鏡工グループに対して、個人工房を立ちあげた鏡工も登場した。なかでも独特の図像と銘文を創作したのが「池《ち》氏《し》」工房である。河南省新野《しんや》出土の「池氏作」獣帯鏡は、鈕座に一体の龍が盤踞し、四葉文の乳で七区に分けた内区には、瑞獣のほか仙人が一体あらわされている（図18）。とりわけ外区の図像は独創的で、三足鳥のいる日（太陽）、蟾《せん》蜍《じょ》（カエル）のいる月、一対の五銖銭で四区に分け、魚に乗って提灯《ちょうちん》をもつ仙人を先頭に、二羽の鳥が引く雲車《うんしゃ》、二頭の龍が引く「天公《てんこう》」の雲車、三匹の魚が引く「何伯《かはく》(河伯《かはく》)」の雲車が反時計回りにめぐっている。「天公」は天神、「河伯」は河神で、それぞれに榜題があり、「天公」は一対の天門《てんもん》から出行《しゅっこう》する場面をあらわしている。銘文は整った七言句で、次のようにいう。

池氏作竟大毋傷。　池氏《ちし》鏡《かがみ》を作《つく》るに、大《おお》いに傷《きず》なし。
天公行出樂未央。　天公《てんこう》行《ゆ》き出《い》で、楽《たの》しみ未《いま》だ央《つ》きず。
左龍右乕居四方。　左龍《さりゅう》と右虎《うこ》は四方《しほう》に居《お》る。
子孫千人富貴昌。　子孫《しそん》は千人《せんにん》、富貴《ふうき》にして昌《さか》えん。

第二行は「天公」が雲車に乗って天を駆けめぐる外区の図像をいう。方格規矩四神鏡にあらわされる天は、朱雀と玄武の陰陽調和による観念上の循環であり、まれに西王母が両性を具有する神仙として登場したが、ここではじめて「天公」と「河伯」の陰陽二神が出現し、雲車に乗って太陽と月との間を順行するという形で可視的に表現したのである。

陰陽二神の調和という観念は、一〇〇年あまり後に西王母と東王公を主神とする画像鏡を生みだし、やがて神獣鏡へと展開していくことになる。天を象徴する本鏡を用いれば、子孫は一〇〇〇人にまで増大し、末代まで繁栄するというのである。

この後、「池氏」に近い「張氏」や「陳氏」らも堰を切ったように独立した。かれらが制作したのも獣帯鏡や盤龍鏡であるが、民間の市場に向けて、それぞれに個性的な作品を競うようにつくった。鏡が自己表現の方法として自覚され、かれらは草の根の芸術家として一歩を踏みだそうとしたのである。このような淮南を中心に活動した鏡工たちを淮派と呼ぶ。

西域からもたらされた奇獣

仁徳《じんとく》をそなえた章帝を嘉して鳳凰が集い、甘露が降り、嘉穀や芝草が滋生したため、八七年七月に「章和《しょうわ》」と改元された。同年九月に章帝は寿春（安徽省）に行幸し、恩赦の詔を下した。そのとき「淮南龍氏《わいなんりゅうし》」が制作した鏡が安徽省寿県から出土した（図19上）。龍と虎が鈕の下から頭を出して対向する盤龍鏡で、その銘文にいう。

隆帝章和時、　隆《おお》いなる帝《てい》の章和《しょうわ》の時《とき》、
淮南龍氏作竟湅治同。　淮南《わいなん》の龍氏《りゅうし》は鏡《かがみ》を作《つく》るに、銅《どう》を錬冶《れんや》す。
合會銀易得和中。　銀《ぎん》と錫《すず》を合会《ごうかい》し、中《ちゅう》を和《わ》するを得《う》。
刻畫云《ママ》氣龍虎虫《ママ》。　雲気《うんき》と龍《りゅう》・虎《とら》・虫《ちゅう》とを刻画《こっかく》す。
上有山人壽無窮。　上《うえ》には仙人《せんにん》有《あ》りて、寿《いのち》は窮《きわ》まり無《な》し。
長保二親樂不亭。　長《なが》く二《に》親《しん》を保《たも》ち、楽《たの》しみ停《とど》まらず。

冒頭の「隆帝」は章帝をたたえた語。「淮南」は「龍氏」の出身地で、そこに章帝が行幸したのである。銘文に章帝をたたえ、「章和」という年号を記していることから、章帝の行幸にめぐり合ったことが本鏡制作の契機になったのであろう。

第二・第三行は精錬した銅に銀や錫を調合すると、鏡に最適の合金になったことをいう。第四行の「雲気」は外区の雲気文、「龍・虎・虫」は龍や虎など天の瑞獣、第五行の「仙人」は龍虎の股間で仙薬を搗く仙人を指している。「虫(蟲)」は、今日にいう昆虫ではなく、禽獣を含めた動物の総称である。龍虎の足に肉球《にくきゅう》が付いているのは、めずらしい表現だが、次の「尚方名工杜《と》氏《し》」盤龍鏡にもあり、両工房の近しい関係がうかがえる。

同じころ「龍氏」は獣帯鏡も制作している(図19下)。内区を乳で五区に分け、低い浮彫で瑞獣をあらわし、その内外に銘帯がある。銘文は外圏から内圏につづいている。

龍氏作竟大無傷。　龍氏《りゅうし》鏡《かがみ》を作《つく》るに、大《おお》いに傷《きず》無《な》し。
采取善同出丹楊。　善《よ》き銅《どう》を採取《さいしゅ》するに、丹陽《たんよう》に出《い》づ。
和以艮易清且明。　和《わ》するに銀《ぎん》と錫《すず》を以《もっ》てし、清《きよらか》にして且《か》つ明《あきらか》なり。
刻畫奇守成文章。　奇獣《きじゅう》を刻画《こっかく》するに、文章《ぶんしょう》を成《な》す。
距虛辟耶除羣凶。　距虚《きょきょ》と辟邪《へきじゃ》は群凶《ぐんきょう》を除《のぞ》く。

師子天祿會是中。
長宜子孫大吉羊。
上有辟□交龍道里通。
長宜子孫壽無窮。

獅子《しし》と天禄《てんろく》は是《こ》の中《なか》に会《かい》す。
長《なが》く子孫《しそん》に宜《よろ》しく、大《おお》いに吉祥《きっしょう》ならん。
上《うえ》に辟《へき》(邪《じゃ》)・交龍《こうりゅうあ》有り、道里《どうり》通《つう》ず。
長《なが》く子孫《しそん》に宜《よろ》しく、寿《いのち》は窮《きわ》まり無《な》からん。

第二・第三行は良質な「丹陽」の銅に銀や錫を調合すると、清らかで明るい鏡ができあがったことをいう。「淮南」と「丹陽」とは直線距離で二五〇キロほど、王莽代には「尚方」工房が「丹陽」の銅を用いていた。

この鏡で注目すべきは、第四行に「奇獣を刻画する」とあり、その具体名として「距虚」「辟邪」「獅子」「天禄」「交龍」を列挙していることである。ライオンの画像はまれに前漢末期の獣帯鏡にあらわされているが、「獅子」の銘文はこれが初出である。奇しくも同じころにパルティア(安息国)が「(章帝の章和元年に)使いをよこして獅子・符抜《ふばつ》を献上した。符抜の形は麒《き》麟《りん》に似て角《つの》なし」(『後漢書』西域伝)とあり、こうした遠方から贈られた珍獣と関係があるのだろう。「辟邪」の本義は「邪《じゃ》を辟《しりぞ》ける」で、「天禄」は天から授かった幸福を意味するが、三国魏の孟康《もうこう》は『漢書』西域伝に記された「桃抜《とうばつ》(符抜に同じか)」という獣を「天禄」や「辟邪」に比定する説を紹介している。後述の「杜氏」盤龍鏡では角《つの》をもつ龍形の「辟邪」と「天禄」

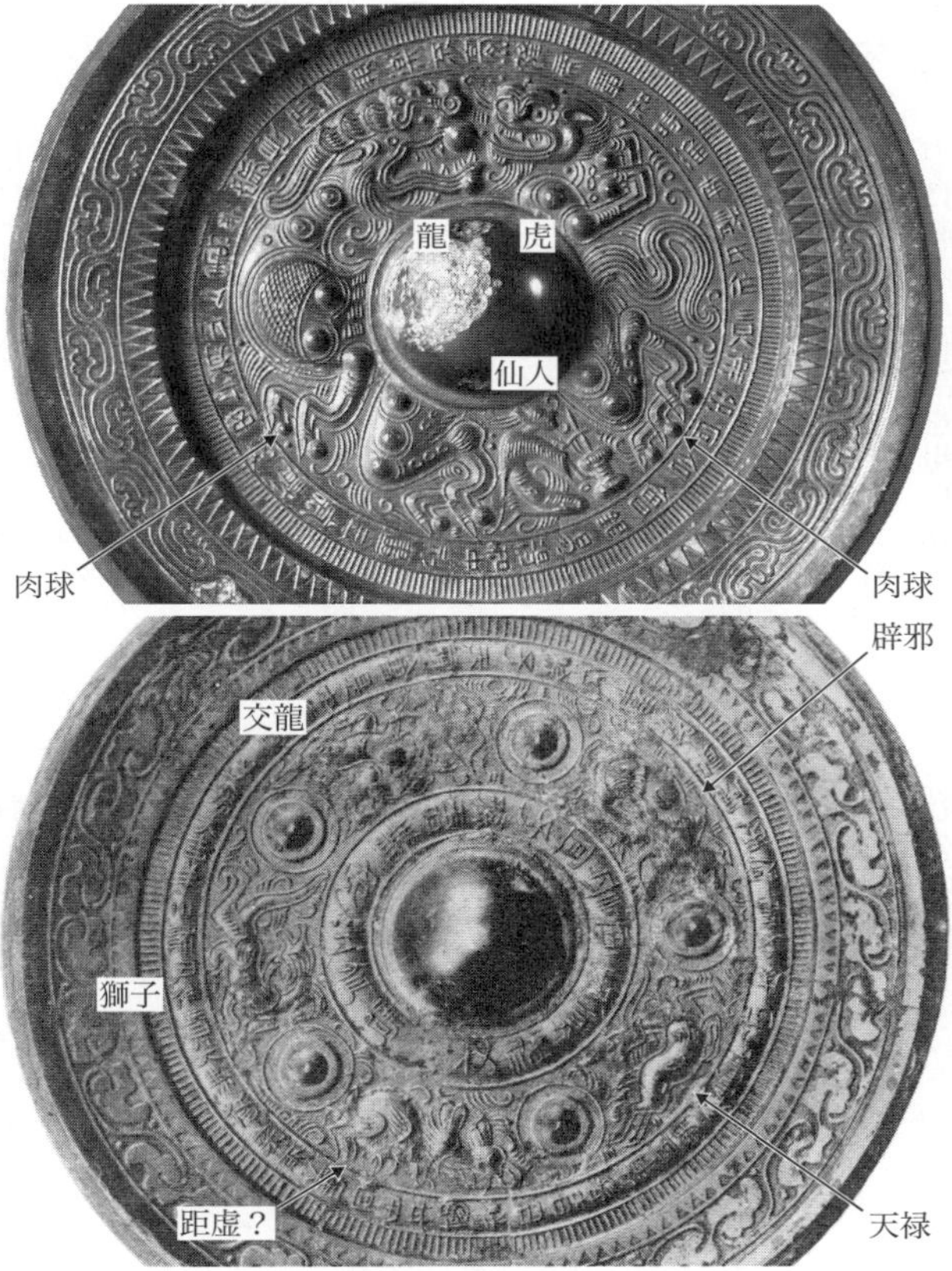

図 19 「淮南龍氏作」鏡
上：盤龍鏡
下：獣帯鏡

が対向する形にあらわされている。西域から贈られた珍獣の実際はどうであれ、世間ではいずれも龍のような奇獣と認識されていたのだろう。

また、「距虚」は前漢末期の鏡銘に「角王巨虚《かくおう》」とあり、モンゴル高原に棲息する跳鼠《ちょうそ》(ネズミの一種)と驢馬《ろば》がモデルと考証されている。これら異国からもたらされた珍獣に対して、「交龍」だけは古くから中国にある瑞獣である。

王莽の失政により中国から離反した西域諸国は、その後、北匈奴の支配下に入っていた。七三年、北匈奴を側面から攻撃するため、後漢は班超《はんちょう》を西域に派遣し、そのかいあって八〇年代には西域諸国のほとんどが後漢王朝の勢力下に組み込まれていった。パルティアとの通交によって西方に大秦《だいしん》(ローマ帝国か)という大国のあることが知られ、九七年、班超は部下の甘英《かんえい》を派遣してパルティアから条支国《じょうし》(シリアか)にいたったという。

「龍氏作」鏡に奇獣があらわされたのは、このような西域に対する関心の高まりが背景にある。それまでは四神を中心とする天の瑞獣が鏡の主なモチーフであり、「淮南龍氏作」盤龍鏡でも青龍と白虎が主文であったが、八〇年代から九〇年代にかけて、それが西域に由来するエキゾチックな「奇獣」へとしだいに転換していった。淮派の鏡工たちも「奇」「異」「珎(珍)」をキーワードに斬新な作品を世に送りだしていったのである。

「名工杜氏」の登場

八〇年代になると、「尚方」工房に「名工」を自称する鏡工が出現した。それが「杜氏」である。かれが駆け出しのころに手がけたのは盤龍鏡であり（A鏡）、径一三センチ、龍と虎が対向する主文ではなく、角をもつ二頭の龍形が忿怒の形相で対峙し、反対側の股間に男根をあらわしたところに斬新な創意がある（図20上）。その銘文にいう。

尚方作大毋傷。　尚方《しょうほう》（鏡《かがみ》を）作《つく》るに、大《おお》いに傷《きず》なし。
巧工刻之成文章。　巧《たくみ》なる工《こう》は之《こ》れを刻《きざ》み、文章《ぶんしょう》を成《な》す。
交龍白帍居中。　交龍《こうりゅう》と白虎《びゃっこ》は中《ちゅう》（央《おう》）に居《お》る。
長保二親樂未央兮。　長《なが》く二親《にしん》を保《たも》ち、楽《たの》しみ未《いま》だ央《つ》きず。
如矦王。　侯王《こうおう》の如《ごと》し。
杜氏所作成毋傷。　杜氏《とし》の作《つく》る所《ところ》にして、傷《きず》なきを成《な》す。
承受往古師尚方。　往古《おうこ》を承受《しょうじゅ》し、尚方《しょうほう》を師《し》とす。
富主兮。　富《と》み衆《おお》からん。

冒頭に「尚方作」をかかげつつ、第六行に「杜氏所作」とあり、「杜氏」がみずからの姓を名のって「尚方」工房で本鏡を制作したのである。末尾には「往古を承受し、尚方を師とす」とあり、「尚方」の伝統を手本として継承することを宣言する。

しかし、第一行の「鏡」字と第三行末の「央」字が脱落し、「毋傷」を第一行と第六行にくりかえすなど、銘文はやや稚拙である。第三行は主文に「交龍」と「白虎」をあらわしたというが、実際には対峙する二頭の龍形だけで、「白虎」はあらわされていない。既存の銘文から語句を借用したために、図像と一致しなかったのであろう。

やがて「杜氏」は腕を磨き、非凡な才能を十二分に発揮する。「尚方」で制作した盤龍鏡（B鏡）は、径一五センチと大きくなり、厚みが増した（図20下）。その銘文にいう。

尚方名工、杜氏所造。　尚方《しょうほう》の名工《めいこう》、杜氏《とし》の造《つく》る所《ところ》なり。
湅治銅錫、佳而絶好。　銅《どう》と錫《すず》を錬冶《れんや》するに、佳《よきもの》にして絶好《ぜっこう》なり。
刻畫奇守《ママ》、百虫悉有。　奇獣《きじゅう》を刻画《こっかく》し、百虫《ひゃくちゅう》悉《ことごと》く有《あ》り。
傳之後世、以別好醜。　之《こ》れを後世《こうせい》に伝《つた》え、以《もっ》て好醜《こうしゅう》を別《わか》たん。
服此鏡者、壯不知老。　此《こ》の鏡《かがみ》を服《ふく》する者《もの》は、壮《さか》んにして老《お》いを知《し》らず。
壽如金石、富如京都市。　寿《いのち》は金石《きんせき》の如《ごと》く、富《とみ》は京都《みやこ》の市《いち》の如《ごと》し。
男當封矦女王婦。　男《おとこ》は当《まさ》に侯《こう》に封《ほう》ぜられ、女《おんな》は王婦《おうふ》となるべし。

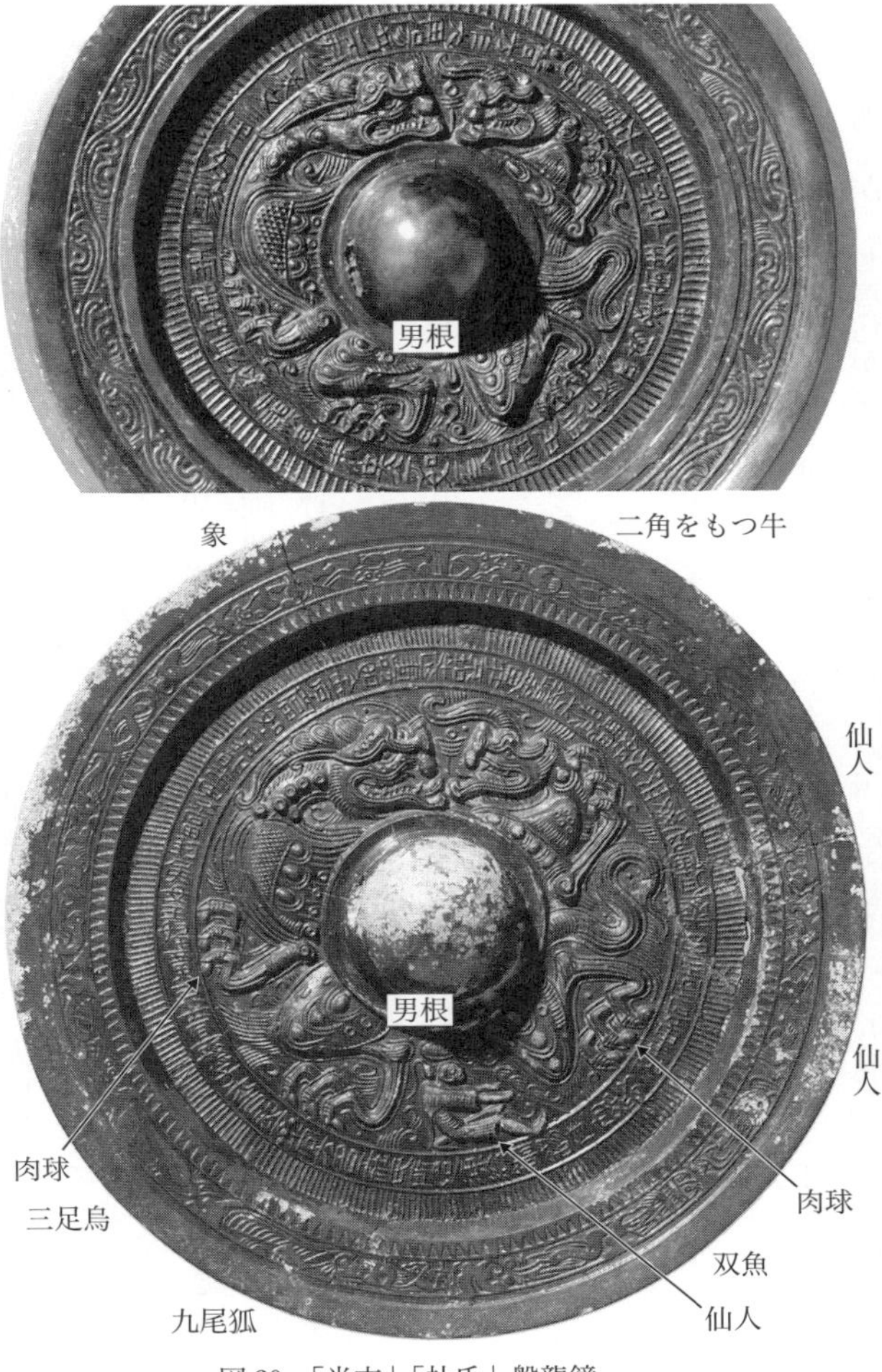

図20 「尚方」「杜氏」盤龍鏡
上:「尚方作・杜氏所作」鏡(A鏡)
下:「尚方名工杜氏所造」鏡(B鏡)

廣宗世、宜子孫、大吉利兮。

冒頭に「尚方の名工杜氏」と豪語する。宗世《そうせい》を広《ひろ》げ、子孫《しそん》に宜《よろ》しく、大《おお》いに吉利《きちり》ならん。

けである。しかも、A鏡では「尚方」の伝統を手本として継承するといいながら、手のひらを返すように、この第四行では本鏡を後世に伝えて鏡の善し悪しを判断する手本にせよという。その自信はどこからきたのか。画面に発揮された「名工」の技を鑑賞してみよう。

銘文はそのころ流行していた七言句ではなく、第五行までは『詩経』に由来する典雅な四言句で、後は雑言句《ざつごんく》である。正しく押韻し、リズミカルである。第二・第三行には、銅と錫を精錬し、さまざまな珍獣をあらわしたという。A鏡の外区はパターン化した雲気文であったが、ここでは三足烏、九尾狐、双魚、鳥、対向する仙人、二角をもつ牛などが反時計回りにめぐっている。瑞獣だけでなく、中国には棲息しない象もあらわされている。これらが銘文にいう「奇獣」と「百虫」であろう。

内区には鈕の下から上半身を出した二頭の龍形が対向し、A鏡の主文を踏襲している。ただし、足の指に肉球、股間の男根には陰茎と陰嚢があらわされ、その下には竪笛《たてぶえ》を吹く仙人が腰掛けている。龍の足に肉球を加え、足元に仙人をあらわす特徴は、前の「淮南龍氏」盤龍鏡の影響であるが、七言句が流行している中で独特の四言句を用い、男根をもつ二頭の龍形をあらわしたところなどは、きわめて独創的である。

「尚方」から自立した「名工杜氏」

しかし、「杜氏」は「尚方」をかかげつつ「名工」を自称するなど、思いあがりもはなはだしい。もはや「尚方」に「杜氏」の居場所はなく、まもなくかれは独立した。みずから立ちあげた個人工房で最初に制作したのも盤龍鏡で、その大きさや図像文様はB鏡とほぼ同じだが、ここできわめて斬新な銘文を創作した（C鏡）。

遺杜氏造珍奇鏡兮、
世之眇徹。
名工所刻畫兮。
湅五解之英華畢。
畢而無極兮。
辟耶配天祿。
奇守竝來出兮。
三鳥刻兮。

遺《い》の杜氏《とし》　珍奇《ちんき》なる鏡《かがみ》を造《つく》るに、
世《よ》に之《こ》れ徹《とお》ること少《すく》なし。
名工《めいこう》の刻画《こっかく》せる所《ところ》なり。
錬《ね》ること五《ご》たび之《こ》れを解《と》くに、英華《えいか》畢《つ》くす。
畢《つ》きて而《しか》も極《きわ》まり無《な》し。
辟邪《へきじゃ》は天禄《てんろく》に配《はい》す。
奇獣《きじゅう》は並《み》な来《き》たり出《い》づ。
三鳥《さんう》を刻《きざ》む。

長宜孫子得所欲。　長《なが》く孫《まご》と子《こ》に宜《よろ》しく、欲《ほっ》する所《ところ》を得《え》ん。
吏人服之曾秩祿。　吏人《りじん》之《こ》れを服《ふく》せば、秩禄《ちつろく》を増《ま》さん。
大吉利。　大《おお》いに吉利《きちり》ならん。

冒頭の「遺」は「杜氏」の出身地で、南陽《なんよう》郡の「随《ずい》」かもしれない。同じ淮派の鏡工に同姓の「高河《こうが》杜氏」があり、出身地で区別する必要があったのだろう。

この銘文は三言・四言・五言・七言からなる雑言体で、韻字を日本語で音読すると、「徹《てつ》」「畢《ひつ》」「出《しゅつ》」の語尾は〝ツ〟、「画《かく》」「極《きょく》」「禄《ろく》」「刻《こく》」「欲《よく》」は〝ク〟となる特異な入声《にっしょう》(p・t・kに終わる音節に特有の音調)韻である。三世紀より中国は民族の融合が進み、古代に発音されていた入声は、唐代には失われてしまったが、日本語や広東語など周辺言語にはのこっている。

また、助辞の「兮」を奇数行の第一・第三・第五・第七行と第八行末に配しているのも特異である。短く詰まって発音される入声は、雑言体ではとくにせわしない調子になるため、奇数句末に音をのばす助辞を配し、リズムを整えたのであろう。

それにしても「杜氏」が最初に制作した「尚方」鏡(A鏡)は通有の七言、次の「尚方」鏡(B鏡)は典雅な四言の銘文で、多様な詩形を試行していたが、今度は奇抜なリズムの韻文を用いた。「尚方」の桎梏から解き放たれたことを宣言しようとしたのだろう。

その気概を端的にあらわしたのが、第一・第二行である。「尚方」にいたときは「佳にして絶好なり」としていたのを、本鏡では世間に流通することのまれな「珍奇なる鏡」だと宣伝し、めずらしさを市場にアピールしているのである。そして第三行で「名工」を自称し、第四・第五行では素材のよさを強調する。

第六行から第八行までが図像の説明。一対の龍形が対向する主文について「辟邪は天禄に配す」という。「天禄・辟邪」は章帝のとき班超がシルクロードをふたたび開拓したことによって知られるようになった一対の珍獣である。世間では話題になっていたものの、実際にみた人はほとんどなく、本鏡のように龍形であらわされることが多い。盤龍鏡を創作した「青盖」や章和年の「淮南龍氏」らは、天の四方を守る龍と虎を主文とし、「杜氏」が最初に制作した盤龍鏡でも「交龍」と「白虎」と記していたが、本鏡では西域からもたらされた珍獣の「天禄・辟邪」をあらわしたという。「奇獣は並な来たり出づ。三烏を刻む」とは、外区にあらわされた奇獣であり、「三烏」は太陽を象徴する三足烏であろう。

このように「尚方」から自立した「名工杜氏」は、銘文と図像文様の両方で独創性をいかんなく発揮した。かれの制作した鏡は、形を映しみる本来のはたらきをこえて、鏡背面に自己を表現する芸術作品の域に達したのである。まもなく「杜氏」は獣帯鏡と画像鏡の制作にも取り組むが、それは次章にみることにしよう。

やがて「杜氏」にも衰えがみえてきた。浙江《せっこう》省紹興《しょうこう》漓渚《りしょ》出土の「杜氏作」鏡(D鏡)は、大きさと図像こそ前鏡とほぼ同じだが、主文の浮彫は低く、線に力がない。その銘文にいう。

杜氏作鏡善毋傷。　杜氏《とし》鏡《かがみ》を作《つく》るに、善《よ》く傷《きず》なし。
和以銀錫清且明。　和《わ》するに銀《ぎん》と錫《すず》を以《もっ》てし、清《きよらか》にして且《か》つ明《あきらか》なり。
名工所造成文章。　名工《めいこう》の造《つく》る所《ところ》にして、文章《ぶんしょう》を成《な》す。
辟耶天禄居中央。　辟邪《へきじゃ》と天禄《てんろく》は中央《ちゅうおう》に居《お》る。
十男五女樂富昌。　十男五女《じゅうなんごじょ》ありて、楽《たの》しみ富昌《ふしょう》ならん。
居無憂兮如矦王。　憂《うれ》い無《な》きところに居《お》り、矦王《こうおう》の如《ごと》し。

依然として「杜氏」は「名工」を自称し、「辟邪・天禄」を主文としているものの、そのころ通用していた陳腐な七言句に回帰した。その図像や銘文は、とりたててアピールするめずらしさもなく、もはやかつての「杜氏」の気力をここにうかがうことはできない。

「尚方」の復興

六〇年代に「尚方」から「青盖」や「銅槃」ら有志の鏡工たちが相次いで自立し、もはや

「尚方」には以前のような活気がなく、しだいに衰退していった。八〇年代に「尚方」で修業する「杜氏」が「往古《おうこ》を承受《しょうじゅ》し、尚方《しょうほう》を師《し》とす」という銘文を刻んだように、まだ伝統のブランドとして認められていたが、市場経済の中で生きのこるには、経営戦略の立て直しが急務であった。その対策の一つが形式化した方格規矩四神鏡の生産を打ち切り、民間のニーズに合わせ、淮派の個人工房と同じように獣帯鏡と盤龍鏡の制作に切り替えることであった。

それまでの獣帯鏡は、内区の主文を細い凸線であらわしていたが、図19下の「龍氏作」鏡のように、八〇年代には主文も浮彫で表現するようになる。広西自治区梧州旺歩《ごしゅうおうほ》二号墓から出土した元和《げんわ》三年(八六)「尚方造」鏡はその初期の作例で、径一九センチ、鈕座の盤龍文と七体の瑞獣をすべて浮彫で表現している。銘文は四〇字あり、その中に次の四言二句がある。

尚方造竟、在於民間。　尚方《しょうほう》鏡《かがみ》を造《つく》るに、民間《みんかん》に在《あ》り。

民間の市場に活路をみいだしたとはいえ、銘文は典雅なリズムをもつ四言句であり、かつて官営工房であったというプライドは健在である。とりわけ冒頭の「元和《げんわ》三年《さんねん》、天下《てんか》太平《たいへい》なり。風《かぜ》と雨《あめ》は時節《じせつ》あり」の句には、ときの章帝をたたえ、為政者にへつらいつつ、市場主義に傾く民間の鏡工たちとは一線を画そうという気概がかいまみえる。

章帝は寛厚な政治をおこない、宮廷に儒家を招集して経典の異同を論じさせるなど、儒教の振興に力を尽くした。このため章帝の治世をたたえる膨大な数の符瑞が各地から寄せられたという。この紀年鏡もそうした世相を反映して制作されたのであろう。

婚儀に用いた鏡

ピョンヤン市貞柏里一三号墓の「尚方作」獣帯鏡も径二〇センチの優品で、鈕座には一体の龍が盤踞し、主文には四神を含む七体の瑞獣が浮彫であらわされている(図21)。外区は日月・星辰で四区に分け、三足烏や九尾狐などの瑞獣を配している。その銘文にいう。

　尚方作竟《ママ》大真工。
嫁入門時殊大良。
夫妻相重、甚於威央。
五男三女、富貴昌清。

　尚方《しょうほう》鏡《かがみ》を作《つく》るに、大《おお》いに真《まこと》に巧《たくみ》なり。
嫁《よめ》門《もん》に入《はい》る時《とき》、殊《こと》に大《おお》いに良《よろ》し。
夫妻《ふさい》は相《あ》い重《おも》んじ、鴛鴦《おしどり》より甚《はなは》だし。
五男三女《ごなんさんじょ》あり、富貴《ふうき》にして昌清《しょうせい》ならん。

七言句に四言句を接合し、末句まで押韻している。第二行は嫁が婚家の門に入るとき、本鏡を用いるとよいという。後漢代には嫁入り婚がふつうであり、鏡を用いた婚儀が執りおこなわれたのである。辛延年の「羽林郎詩」(『玉台新詠』巻一)には、近衛兵が酒家の胡姫に求愛のしるしに贈った「青銅鏡」を赤い衣裳に結んだとあり、唐の段成式『酉陽雑俎』(八六〇年ごろ)巻一

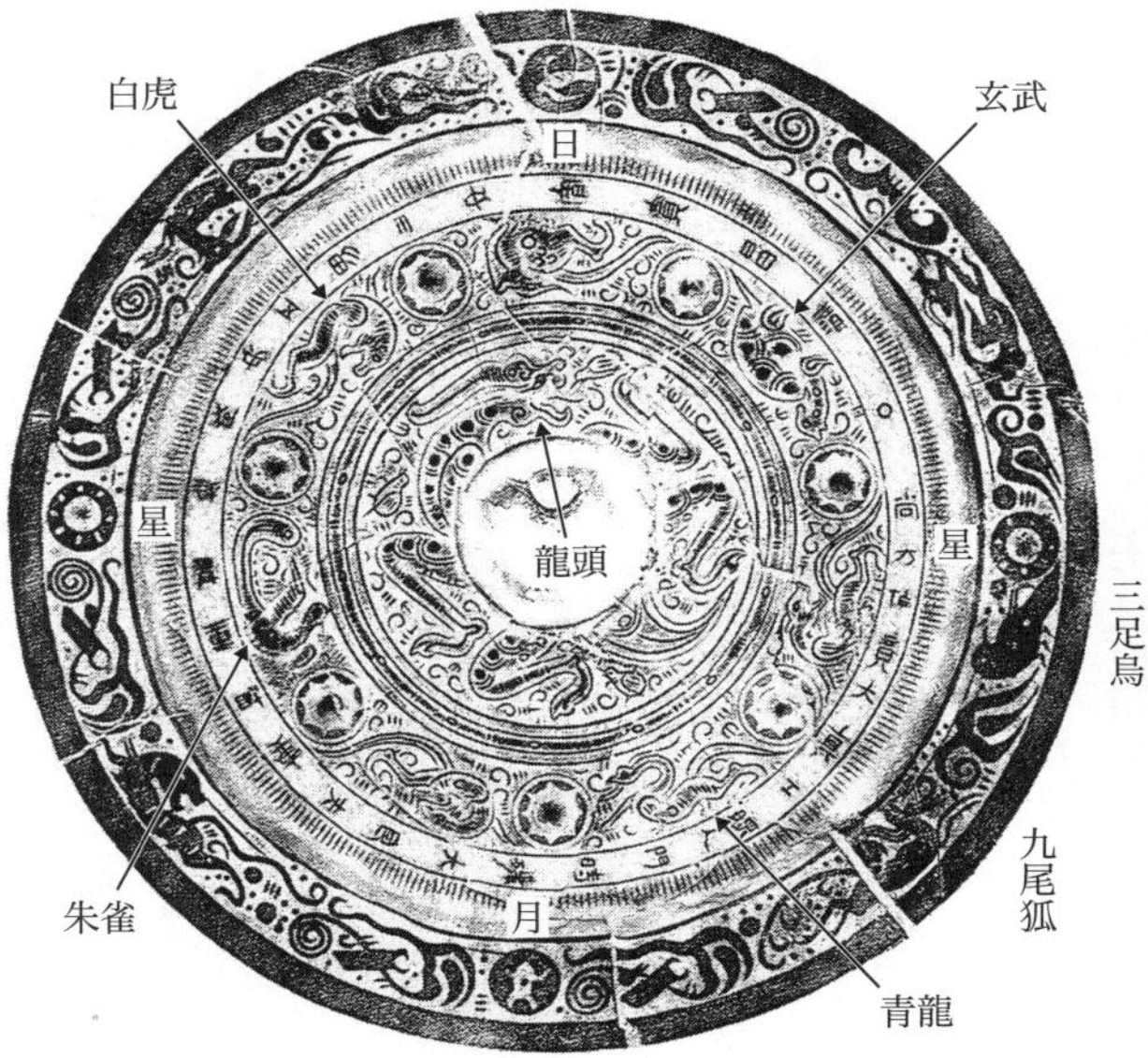

図 21　ピョンヤン市貞柏里 13 号墓出土「尚方作」獣帯鏡

には「婦を娶るに、夫婦はならび拝し、或いは共に鏡の紐を結ぶ」とあるから、新郎が新婦に鏡を贈って衣服に結び付けたり、鏡の紐を結んだりする儀礼があったのだろう。第三・第四行は、一夫一婦の相和を重んじる儒家思想である。

これと似た銘文をもつ獣帯鏡が江西省南昌丁《なんしょうてい》一号墓から出土している。作鏡者は不明だが、径二〇センチ、盤龍文の鈕座、四葉文の乳、七体の瑞獣からなる主文、日月・五銖銭で四区に分けた獣文の外区は、いまみた貞柏里一三号墓の「尚方作」獣帯鏡に類似し、「尚方」またはそれに近い工房の制作であろう。その銘文にいう。

良月吉日、造此倚物。　良《よ》き月《つき》の吉《よ》き日《ひ》に、此《こ》の奇物《きぶつ》を造《つく》る。
二姓合好、堅如膠漆。　二姓《にせい》は好《よ》しみを合《あ》わせ、堅《かた》きこと膠《にかわ》や漆《うるし》の如《ごと》し。
女貞男聖、子孫充實。　女《おんな》は貞《みさお》にして男《おとこ》は聖《ひじり》、子孫《しそん》は充実《じゅうじつ》せん。
奴婢百人、牛馬千匹。　奴婢《ぬひ》は百人《ひゃくにん》、牛馬《ぎゅうば》は千匹《せんびき》ならん。
夫婦相隨、□□□□兮。　夫婦《ふうふ》は相《あ》い随《したが》い、□□□□。

整った四言句で、「良月吉日」にめずらしい鏡をつくったとあり、婚儀用の鏡として制作されたのであろう。新郎の家と新婦の家が「二姓」で、儒教経典の『礼記』昏義《こんぎ》に「婚礼は、まさに二姓の好しみを合わせ、上《かみ》は以て宗廟に事《つか》え、下《しも》は以て後世に継がんとするなり。故に君子はこれを重んず」とあるのをふまえている。この鏡を用いて婚儀をおこなえば、両家の結びつきが膠や漆のように強固になり、妻は貞節で、夫は聖人となり、夫婦は助け合い、子孫は充実して、使役する奴婢は一〇〇人、牛馬は一〇〇〇頭におよぶと予言している。

鏡の出土した南昌は、予章《よしょう》郡の役所が置かれたところで、制作地の淮南から直線で五〇〇キロほど離れている。大きな本鏡はかなり高価であっただろうし、この文言からみても、作鏡者は奴婢や牛馬を所有する地方豪族層をターゲットにしていたのだろう。漢代の豪族は多くの奴婢を抱え、王莽のときには法に触れて奴婢にされたり、田畑を失った多くの農民が妻子を奴婢として売ったりしたため、光武帝は奴婢の解放を命じている。しかし、後漢王朝は豪族層を基礎に成立したこともあって、どれほど実効性があったのかはわからない。同じころの「呂氏作」獣帯鏡には「鏡を服する者は奴婢千人」という威勢のいい銘文があるから、奴婢の解放はあまり徹底しなかったのであろう。鏡を出土した墓は破壊されていたが、径二〇メートルほどの大きな墳丘をもち、被葬者は多数の奴婢や牛馬を所有する荘園領主であったらしい。

「青盖」グループの再編

六〇年代に有志の鏡工たちが立ちあげた「青盖」工房は、しばらく獣帯鏡や盤龍鏡の制作をリードしていた。しかし「池氏」や「杜氏」ら個人工房の作品と比べると、マンネリ化は否めなかったためか、七〇〜八〇年代に「青盖」は「青羊《せいしょう》」・「黄盖《こうしょう》」・「三羊《さんしょう》」などの小工房に分裂した。「盖《しょう》」は「羊《よう》(＝祥《しょう》)」の仮借で、「青」と「黄」は銅を象徴し、「三」は鏡の原料となる三種の金属をいうから、いずれも同系の吉祥語である。

分裂したとはいえ、かれらがこの時期に制作した盤龍鏡をみると、銘文は「〇〇作竟四夷服」ではじまる七言の定型句を用い、龍と虎が対峙する「青盖」鏡に近い画一的な文様表現であることから、相互の連携は保っていたらしい。

一方、七〇～八〇年代に自立した個人工房は、作品の様式と数からみて、ほとんどが一代かぎりで廃業したらしく、その経営はかなり苦しかったようだ。「青盖」に近い「陳氏」「張氏」「侯氏」らは「〇氏作竟大毋傷」ではじまる銘文の獣帯鏡を制作し、それぞれ図像文様や銘文に個性を発揮していたが、そのうち「陳氏」は「青盖」と合作するようになった。長沙市糸茅《しぼう》沖《ちゅう》八区一五号墓の獣帯鏡(図22上)と長沙市南郊公園四号墓の盤龍鏡(図22下)は、ともに「青盖陳氏作竟四夷服」《せいしょうちんし》ではじまる定型的な銘文をもっている。

この獣帯鏡には、対面して仙薬を搗く仙人などの新しい図像があるものの、盤龍鏡は龍と虎が対峙する「青盖」鏡に多い主文表現である。この二面は「陳氏」が制作したのだろうが、「陳氏」単独の鏡が後続しないことから、その工房はおそらく「青盖」の傘下に組み込まれたのであろう。「青盖陳氏作」鏡は二面とも長沙市から出土し、関係の深い「張氏」や「侯氏」らの鏡も湖南省から広東省にかけて出土していることからみると、その方面に販路をひろげたい「青盖」の思惑が合作の背景にあったのかもしれない。

また、八〇年代に工房を開いた「宋氏」は、「杜氏」らに近い盤龍鏡や画像鏡を制作していたが、まもなく「三羊」と提携して「三羊宋氏作」盤龍鏡を制作した。龍と虎が対峙する主文

図 22 「青盖陳氏作」鏡
上：長沙市糸茅沖 8 区 15 号墓出土
下：長沙市南郊公園 4 号墓出土

は「青盖」や「三羊」の作風に近い反面、銘文には「宋氏」の個性が強くあらわれている。


三羊宋氏作竟善有意。　三羊宋氏《さんしょうそうし》　鏡《かがみ》を作《つく》るに、善《よ》き意《おもい》有《あ》り。

良時日家大富。　時日《じじつ》　良《よ》ければ、家《いえ》は大《おお》いに富《と》まん。

宦至三公中常侍。　仕《つか》うれば三公《さんこう》・中常侍《ちゅうじょうじ》に至《いた》らん。

長宜《ママ》。　長《なが》く宜《よろ》し。


第二行の「時日」は婚儀の日取りのこと。上述のように、婚儀に本鏡を用いれば、婚家は裕福になり、「三公・中常侍」という高位高官に出世することを予言している。

「宋氏」はつづいて「青羊」と合作し、「青羊宋氏作」画像鏡を制作する。その銘文はやや特殊だが、図像文様には「宋氏」の個性があらわれ、作鏡者は「宋氏」であったのだろう。

「青盖」の分解に端を発する工房間の再編成は、「青盖陳氏」や「三羊宋氏」「青羊宋氏」のように作鏡者名から追跡できる合作のほかに、銘文としてはのこらない鏡工や工房の吸収合併も少なくなかったと思われる。しかし、技術を習熟した鏡工たちは、わたしたちが想像する以上に自由であった。その横溢な精神が、鏡という小さなカンバスに独自性を発揮し、日用品の鏡を芸術作品に昇華させる源泉になったのであろう。

第五章　民間に題材を求めた画像鏡
――江南における呉派の成立

呉派の三氏

春秋時代に呉《ご》の都であった呉県（江蘇省蘇州《こうそそしゅう》）と越の都であった会稽山陰《かいけいさんいん》（浙江省紹興）とは、江南の二大都市であった。淮派の影響を受け、八〇年代に呉県の工房で画像鏡を創作した鏡工たちが呉派である。初期の代表的な作鏡者に「呉 朱師《しゅし》（朱氏《しゅし》）」「呉 向里《こうり》 栢師《はくし》（柏氏《はくし》）」「呉 何陽《かよう》 周氏《しゅうし》」の三氏がある。「呉」は呉県、「向里」と「何陽」は県城内の地名である。三氏の工房は、呉県の城内に別々に所在したのだろう。

建初《けんしょ》八年（八三）に制作された「呉朱師作」画像鏡（図23、浦上満氏蔵）は、呉派で唯一の紀年鏡であり、呉県で最初の鏡という記念碑的な意味が込められているのであろう。作鏡者の「朱氏」はみずから「師」を名のっているだけに、径二二センチ、重さ一三〇〇グラムあまりの優品である。内区には「西王母」・「東王公」と青龍・白虎という二神二獣を配置し、「西王母」

の後ろに「建初八年呉朱師作」という銘文が記されている。「西王母」の前には侍女二人が立ち、「東王公」の前には一人の女性が台座に坐り、「玉女《ぎょくじょ》は(東王《とうおう》)公《こう》に侍《じ》す」という榜題《ぼうだい》がある。図像の横に短い榜題を入れるのは、呉派のはじめた手法だが、そのかわり本鏡の内区外周には銘文帯がない。淮派の「杜氏」や「龍氏」らがすぐれた銘文を創作したのとは対照的に、呉派は図像の表現にもっぱら意を注いだ。その浮彫は、表面の平らな石に図像を刻んだ画像石のような表現であり、淮派の獣帯鏡や盤龍鏡が主に天の瑞獣をあらわしたのに対して、呉派の画像鏡は神仙や人物などを多く表現しているところに特徴がある。

東王公の出現

第三章にみたように、西王母の図像は紀元前後の方格規矩四神鏡に出現した。わずか十数例だが、両性を具有した単独の神仙としてあらわされ、三足烏・九尾狐・仙薬を搗く兎などの眷《けん》属《ぞく》をともなうことが多い。

ところが「朱師作」鏡での西王母は、鈕を挟んで東王公と対になっている。両性を具有していた西王母が、女性神の西王母と男性神の東王公とに分裂し、この陰陽二神のはたらきによって宇宙に生命と活力がもたらされると考えられたのであろう。

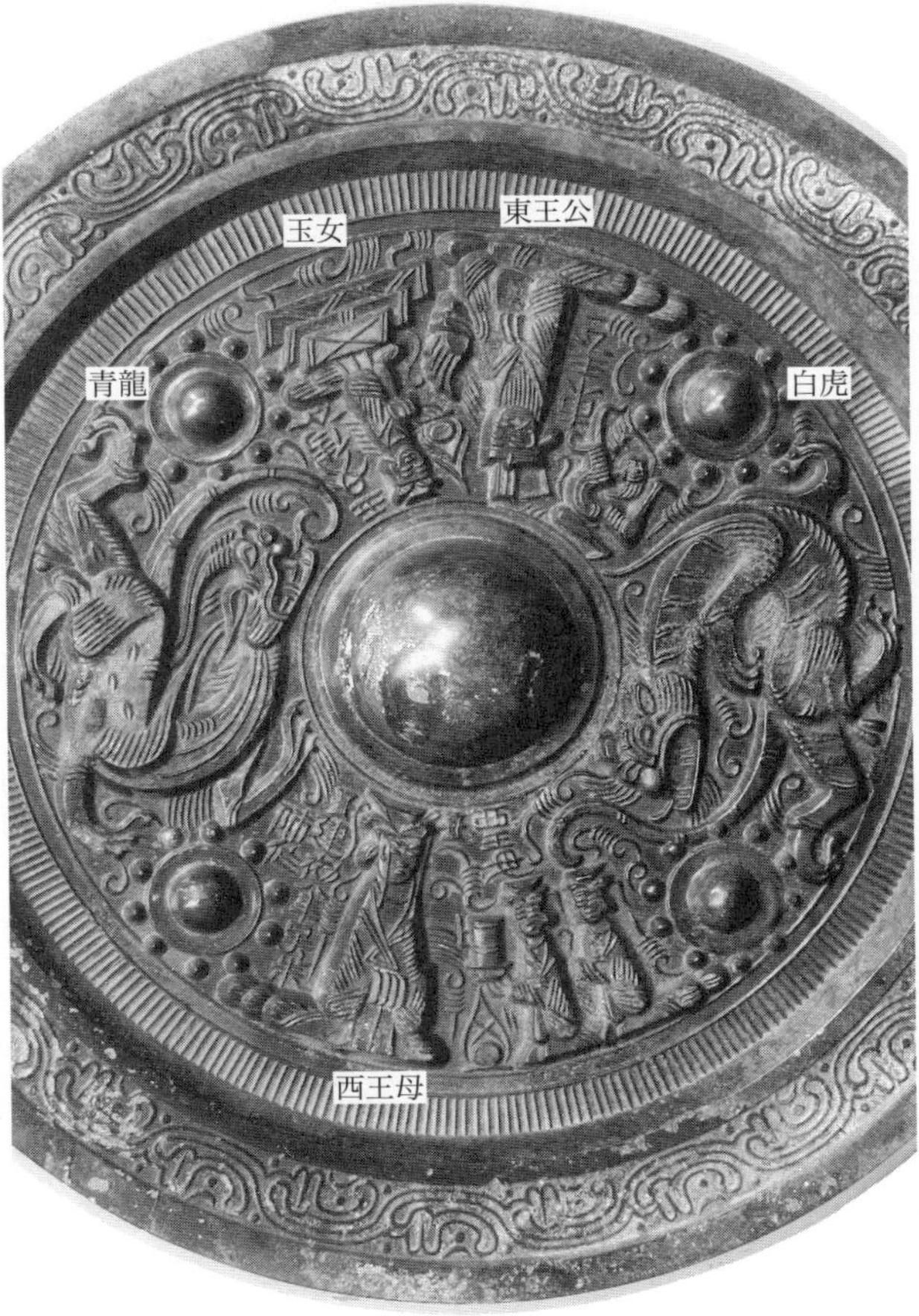

図 23　建初八年(83)「呉朱師作」画像鏡

東王公と西王母は、その名から東と西を代表する神仙とみなされているが、この画像鏡において青龍(東)・白虎(西)とはどのように役割を分担していたのだろうか。

方格規矩四神鏡にみえる西王母が、西という方位の属性をもたず、陰陽を調和するため南北方向に配置されたように、「朱師作」鏡の西王母と東王公は陰陽を調え、青龍と白虎は四方を守るはたらきをもっていたのであろう。すなわち、方格規矩四神鏡の四神には陰陽の調和と辟邪のはたらきがあったが、二神二獣の画像鏡では、陰陽を調和する朱雀と玄武にかわって東王公と西王母が配置され、青龍と白虎はそのまま継承されたと理解できる。

第四章にみたように、王盱墓から出土した六九年の「盧氏作」漆盤では、西王母が単独で描かれていた。山東省などの画像石に西王母と東王公がペアであらわされるのは、二世紀になってからである。紀年銘をもつ陝西《せんせい》省北部の画像石墓でみると、九六〜一〇七年では西王母が単独で、一五〇年には西王母と東王公がペアであらわされている。東王公が文献にみえるのは四世紀以降に下り、その図像は八三年の「朱師作」鏡がもっとも早い。しかも、陰陽の調和と辟邪という四神のはたらきが、二神二獣の構成へとスムーズに継承されていることからみて、西王母に東王公を配偶したのは「朱師」の創意であった可能性が高い。

「呉向里栢師」鏡

同じころ「呉向里」で工房を開いたのが「栢師（柏氏）」である。その作品には画像鏡のほか獣帯鏡や盤龍鏡があり、淮派との関係をうかがうことができる。

浙江省紹興漓渚から出土した「柏師作」獣帯鏡（図24上）は、径二〇センチ、内区を四葉文の乳で七区に分け、「柏師作」のほか、浮彫の図像に「銅柱《どうちゅう》」「辟耶（邪）」「王喬《おうきょう》の馬」「赤誦《せきしょう》の馬」という榜題を配している。「銅柱」は天を支える柱、その左側の「辟邪」は天を守る聖獣で、その隣の獣はおそらく天禄《てんろく》であろう。仙人の「王喬（王子喬《おうしきょう》）」と「赤誦（赤松子《せきしょうし》）」が六博《すごろく》を楽しみ、その左右に二人の馬が飼い葉を食べて休んでいる。

外区には四神のほか、魚・三足烏・九尾狐・仙人などを反時計回りにめぐらし、鈕座には「富貴《ふうき》・長寿《ちょうじゅ》にして、子孫《しそん》に宜《よろ》しく、大《おお》いに吉《きち》ならん」という吉祥句を配している。淮派の獣帯鏡を模倣しつつ、内区と外区に独自の図像と榜題を加えて制作したものであり、年代は建初八年（八三）鏡に先行する可能性が高い。

「忠臣伍子胥」の画像鏡

つづいて「栢師」は「朱師」の影響を受けて画像鏡を制作した。浙江省紹興の出土と伝える

「呉向里栢氏作」鏡（図24下）は、径二一センチ、内区に「忠臣伍子胥《ちゅうしんごししょ》」「呉王《ごおう》」「越王《えつおう》」「范蠡《はんれい》」「王女二人《おうじょふたり》」という榜題とその図像がある。

それは画像鏡が制作された江南を舞台にした歴史故事である。日本では臥薪嘗胆《がしんしょうたん》や呉越同舟《ごえつどうしゅう》などの語で知られ、呉王や越王が主人公とされることが多いが、この鏡では伍子胥が主役となっている。『史記』伍子胥伝によれば、それは以下のようなあらすじである。

伍子胥は楚人で、父と兄を楚の平王《へい》に殺されて呉に亡命した。呉王闔閭《こうりょ》を補佐した伍子胥は、富国強兵に努め、楚の都を攻略し、平王の墓をあばいて「屍《しかばね》に鞭打《むちう》ち」、恨みを晴らした。しかし、闔閭は背後から攻めてきた越王勾践《こうせん》に敗れ、そのときの矢傷がもとで没した。伍子胥は後を継いだ呉王夫差《ふさ》を補佐し、仇敵の越に攻め入って勾践を降伏させる。夫差はまた北に斉を攻撃し、中原《ちゅうげん》に進出した。この間に越は国力を回復し、伍子胥は越を警戒するよう夫差を諫めるが、勾践の側近の范蠡が夫差の寵臣に賄賂を贈って夫差と伍子胥との離間を謀ったため、夫差は伍子胥に剣を与えて自害させた。伍子胥は死に臨んで「わが墓の上に梓《あずさ》の木を植え、呉王の棺材とせよ。わが目をえぐりだして都の城門にかかげよ。越軍が攻め込んできて呉を滅ぼすのをみてやろう」と家人に命じて自刎《じふん》した。これを聞いた夫差は大いに怒り、伍子胥の屍を馬の皮袋につめて長江に投げ捨てた。呉の人びとはこ

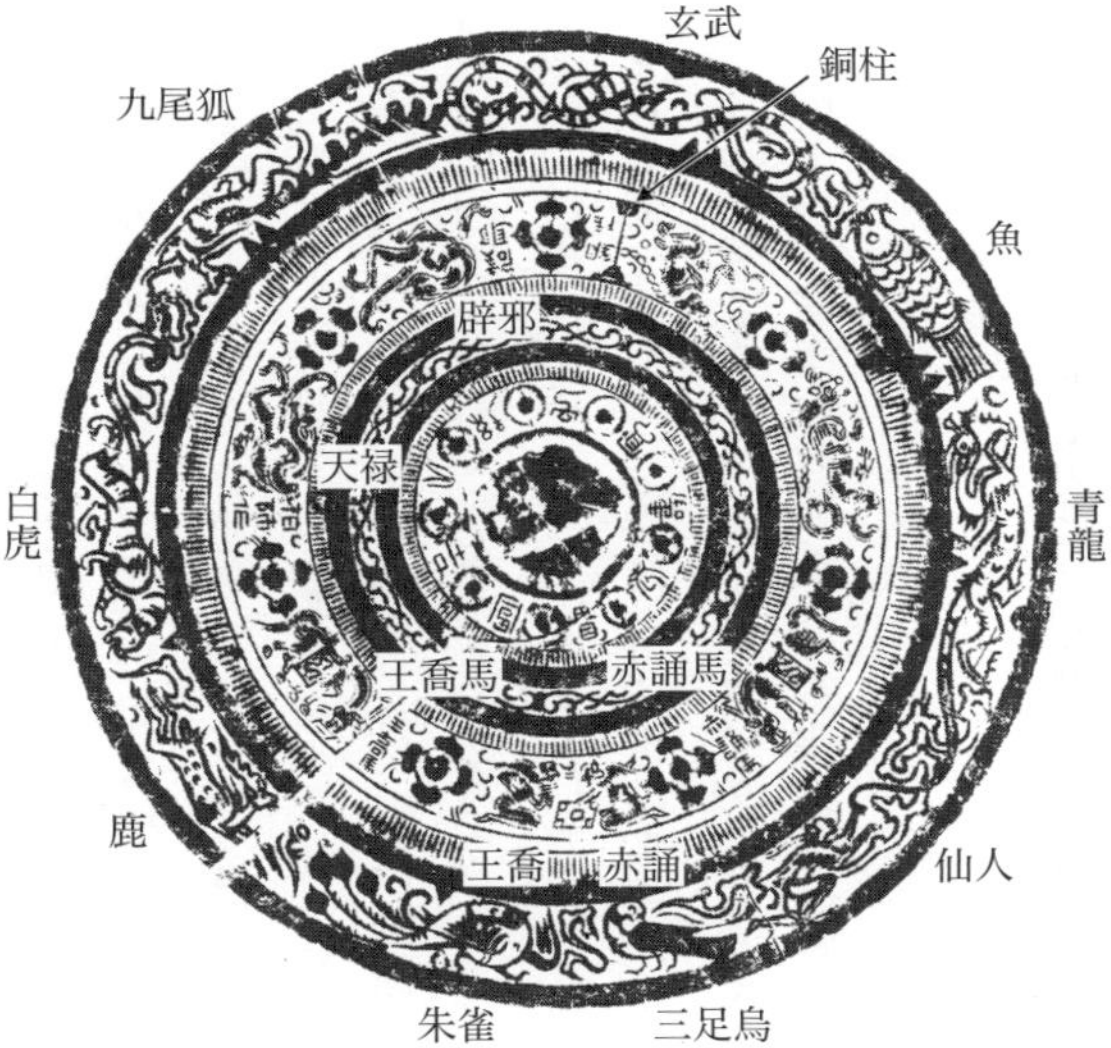

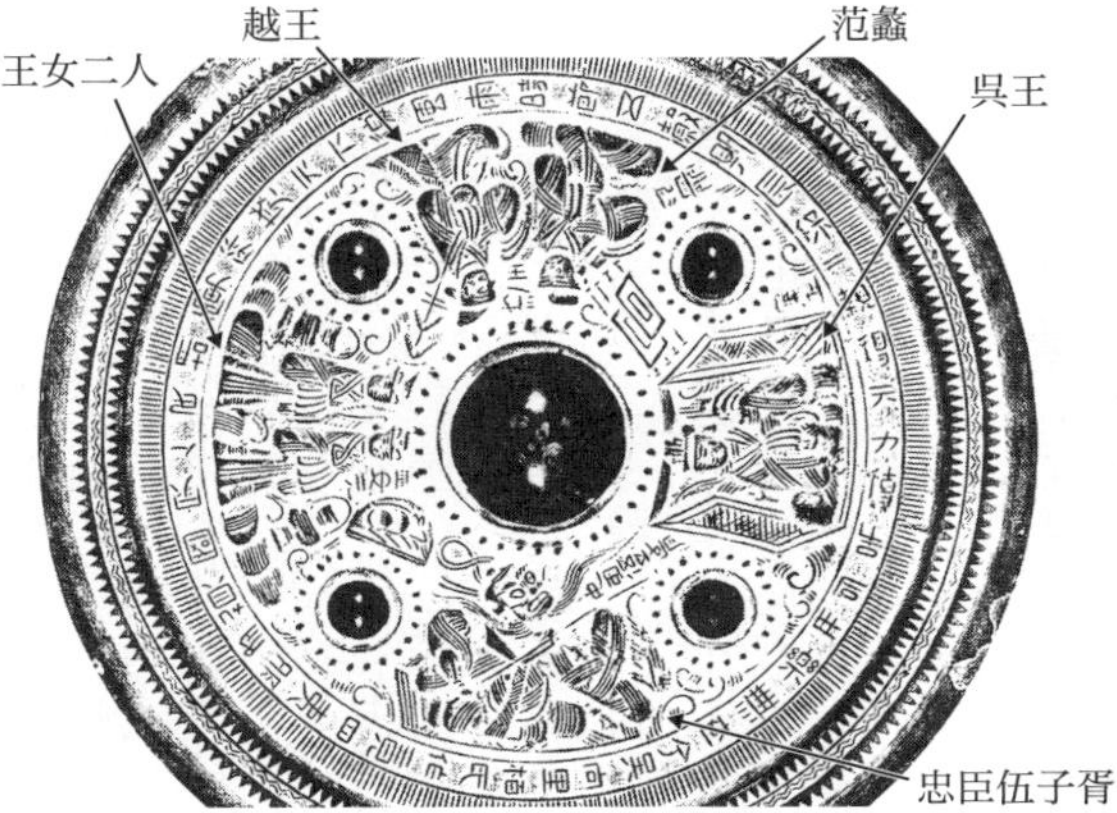

図 24　「呉向里栢氏(柏師)作」鏡
上：浙江省紹興漓渚出土獣帯鏡
下：伝浙江省紹興出土画像鏡

れを哀れみ、長江のほとりに伍子胥をまつる祠《ほこら》を建てた。

このストーリーをもとに鏡をみると、「忠臣伍子胥」は、剣を手に目を大きく見開いて首をはねる最期の場面をあらわしている。「忠臣」と名づけられているのも、かれが悲劇の英雄であることを示している。屛風の前に左手を挙げて坐る「呉王」は夫差であり、隣の区画で「越王」勾践に話しかける「范蠡」は、夫差と伍子胥との離間を謀る場面であろう。鈕を挟んで「呉王」と対になる「王女二人」は、別の画像鏡では「越王二女」とあるから、夫差を惑わせるために勾践から贈られた美女であろう。

物語の最後にあるように、判官《ほうがん》びいきの同情からか、呉の人びとは伍子胥を哀れみ、長江のほとりに祠を建てた。漢代に伍子胥は水神としてまつられている。この鏡でも、覇者の一人として名をはせた呉王夫差をたたえるのではなく、二代の呉王に忠誠を尽くして仕えながらも、讒言によって無惨な最期をとげた悲劇の「忠臣伍子胥」を主題としている。

「貞夫」の画像鏡

『史記』などの歴史書には記録されていないが、民間で語り継がれてきた物語に取材した画像鏡もある。浙江省杭州《こうしゅう》市の後漢墓で発掘された「周是(氏)作」画像鏡は、径二四センチ、

図 25 「周是作」「貞夫」画像鏡

内区には弓で矢を射る女性の「貞夫《ていふ》」、冠をかぶって立つ「宋王《そうおう》」と長柄の武器を手に侍従する「侍郎《じろう》二人」、楼閣の前に立つ御者と馬、足元に倒れ込んだ小さな男を笞で痛めつける二人の「力士」があらわされている(図25)。

浙江省文物局の王牧《おうぼく》は、これを韓朋《かんぽう》とその妻「貞夫」との悲恋物語に比定した。それは敦煌《とんこう》石窟から唐代の「韓朋賦」として発見されており、物語のあらすじは、次のとおりである。

むかし韓朋は宋国に仕えたが、三年過ぎても帰ってこない。そこで妻の貞夫は朋に手紙を送ったところ、手紙は宋王の手に渡ってしまった。王は貞夫を都に招いて王妃にし、朋を奴隷におとしめて清陵台《せいりょうだい》を築かせた。貞夫は清陵台に行き、馬飼いをしている朋に出会った。貞夫は「なぜ宋王に復讐しないのか」と問うたが、朋は「あなた(貞夫)の心はもう自分から離れているだろう」という歌を返しただけだった。貞夫はそれを聞くと血書をしたため、矢の先に結んで朋に向かって射た。朋はそれを読むと自ら命を絶った。王が貞夫に乞われて朋の墓をつくると、貞夫は朋の墓穴へと身を投げた。王は墓を調べさせたが、貞夫らの亡骸はみつからず、ただ青い石と白い石が一つずつ出てきた。王が二つの石を東と西に別々に埋めさせると、東から桂《かつら》、西から梧桐《ごとう》の樹が生えてきて、二本の樹の枝や根は絡みあい、下には泉が湧き出した。王がその樹を伐らせると、樹から血が流れ、二枚の木片が鴛鴦《おしどり》となり飛び去って、あとには綺麗な羽根が一枚のこった。王がその羽根で身体をぬぐってみると、艶やかに光り輝いた。頭を磨いてみると、王の首は落ちてしまった。それから三年も経たぬうちに宋国は滅んだ。

このストーリーをもとに鏡の画像をみると、宋王の妃とされた貞夫が、韓朋を鼓舞する血書をしたためて矢に結び、馬を飼う朋に向かって矢を射る場面と考えられる。楼閣は朋の築いた清陵台、二人の「力士」に痛めつけられている男は朋で、「力士」は宋王の手下であろう。

妻の貞夫は朋に復讐を勧め、血書をもって夫の決起をうながす女傑であり、鏡にも両手をひろげて弓を引く勇ましい姿にあらわされている。これに対して朋は気が弱く、最後は絶望のあまり自死する。この対照的な性格の夫婦をみると、敦煌文書には「韓朋賦」というタイトルがつけられているが、鏡の図像をみても、主役は明らかに貞夫であろう。その名はもとより貞節を守りつづけた女性をたたえる贈り名である。

民間で語り継がれた「韓朋賦」

これは古代の文献には記録がなく、おそらく民間で語り継がれてきた説話であろう。四世紀はじめに干宝《かんぽう》が編集した『捜神記《そうじんき》』には、これに類似した物語が記されているものの、わずか三〇〇字に満たない短編で、妻「貞夫」の名はみえず、夫「韓朋」の名を「韓憑」としている〈朋〉と「憑」は同音。唐代に下るとはいえ、敦煌文書「韓朋賦」には七種の写本がのこされ、「貞夫」の名はもとより、話の筋書きも五〇〇年以上さかのぼる鏡の画像と驚くほど一致している。中国の辺境に位置する敦煌石窟で、僧侶は仏教経典を読み、修行にはげむかたわら、このような悲恋物語を愛読していたのもおもしろい。

このような民間伝承をもとに、韓朋の死んだ「青陵台《ママ》」は前二九〇年に宋の康王が築かせた離宮であり、商丘《しょうきゅう》(河南省)に遺跡が所在するという物語ができあがった。唐の李白《りはく》や李商隠《りしょういん》らはここで詩をよみ、「相思樹《そうしじゅ》」ということばの語源にもなった。

敦煌ではまた、馬圏湾《ばけんわん》という漢代の烽火台《のろしだい》遺跡から木の札に墨書した木簡が一二〇〇点あまり出土し、そのうち前漢後期の断片には、ほかに例のない内容の二七字がのこっていた。前後の文が失われているが、復旦《ふくたん》大学の裘錫圭《きゅうしゃくけい》は次のように読んだ。

(前文欠)…手紙があり、韓朋を召してこれを問うたところ、韓朋は次のように答えた。わたくしは妻を娶り、二日三夜すぎたところで、妻のもとを離れ、ここに参りました。三年すぎても帰らず、妻は…(後文欠)

馬圏湾の報告書は「韓朋」の名を「幹備《かんび》」と読んだため、長い間その内容がわからなかったが、裘錫圭はこれを「韓朋賦」と対照し、宋王が韓朋を召しだして妻（貞夫）からの手紙について問いただす部分だと論証したのである。

馬圏湾の烽火台は匈奴の動きを監視するために設置された前線基地の一つである。出土した木簡のほとんどは辺境防衛にかかわる軍事・行政文書であるが、漢の防人《さきもり》たちは木簡の「韓朋賦」を読み、故郷の妻をなつかしみつつ、憩いのひとときを過ごしていたのだろう。

このように韓朋物語は遅くとも前漢代には成立し、木簡に記されて民間でひろく読み継がれる一方、画像鏡の題材にもなって図化されたのである。為政者の書きのこした文献だけでは味わえない、絵解きの醍醐味がここにある。

呉派の盤龍鏡

呉派を立ちあげた三氏は、画像鏡を創作すると同時に盤龍鏡も制作している。いずれも龍と虎が対峙する主文で、銘文は画像鏡と同じ「〇〇作竟四夷服」ではじまる定型文である。たとえば浙江省紹興県から出土した「呉向里栢師作」盤龍鏡をみると、径一三センチ、左に龍、右に虎があって対向し、龍の後ろにも一頭の龍がひかえている。その龍や虎の表現は、細部にいたるまで淮派の「青盖作」鏡に類似している。「朱師」や「周氏」の盤龍鏡も大同小異である。

上述の「柏師作」獣帯鏡は、外区の特徴が「青盖」の作例とは異なり、「池氏」や「杜氏」に近いため、かれらは淮派の鏡工たちとひろく関係をもっていたのであろう。

淮派が大型の獣帯鏡と小型の盤龍鏡をつくり分けたように、呉派も大型の画像鏡と小型の盤龍鏡をつくり分けた。画像鏡は径二〇センチをこえる優品が多く、購入者の多くは富裕層であったと思われる。正式な発掘で出土した鏡はきわめて少ないが、小型の盤龍鏡を含めて工房の所在した蘇州周辺からの出土は少なく、ほとんどは紹興一帯で収集されている。そのころ呉県は会稽《かいけい》郡に属し(一二九年に会稽郡の北半部が呉郡として分立)、販路はもっぱら郡治の所在した会稽山陰に向けられていたのであろう。

呉派の鏡工は図像文様の創作に心血を注いだ反面、榜題以外の銘文については画像鏡も盤龍鏡も「〇〇作竟四夷服」ではじまる定型文を用いた。共通の書き手があったと思われるほど字形もよく似ており、銘文の内容は図像とまったく乖離している。それがさまざまな語句やリズムの銘文を創作した「杜氏」ら淮派の鏡工との大きなちがいである。

転向した淮派の「石氏」

話題をふたたび淮派に戻そう。八〇年代末に工房を開いた淮派の「石氏」は、まず盤龍鏡の制作に着手した。浙江省上虞《じょうぐ》県出土の「石氏作」盤龍鏡（図26上）は、径一五センチ、龍と虎が対峙する図像表現は「淮南龍氏作」鏡に、銘文は「尚方作」鏡に近似している。その手法からみると、かれはもともと淮南の「尚方」で働いていたのかもしれない。その銘文にいう。

石氏作竟世少有。　石氏《せきし》鏡《かがみ》を作《つく》るに、世《よ》に有《あ》ること少《すく》なし。
倉龍在左白乕居右。　蒼龍《そうりゅう》は左《ひだり》に在《あ》り、白虎《びゃっこ》は右《みぎ》に居《お》る。
仙人子僑、以象於後。　仙人《せんにん》の（王《おう》）子喬《しきょう》あり、像《すがた》は後《うし》ろに似《かたど》る。
爲吏高升賈萬倍。　吏《り》と為《な》れば高升《こうしょう》し、賈《こ》は万倍《まんばい》ならん。
辟去不詳利孫子。　不祥《ふしょう》を辟去《へききょ》し、孫《まご》と子《こ》に利《よろ》し。
千秋萬歳生長久。　千秋万歳《せんしゅうばんざい》も生《いのち》は長久《ちょうきゅう》ならん。

第二・第三行は内区の主文を説明し、四神の「蒼龍（青龍）」と「白虎」が左右に、「仙人の王子喬」が後ろにあらわされているという。龍虎の足に肉球が付く特徴は「淮南龍氏作」鏡や「尚方名工杜氏作」鏡と共通し、坐って竪笛を吹く仙人は「杜氏」鏡にあり、「淮南龍氏作」鏡では仙人が仙薬を搗いていた。第四行は購入者が官吏になれば出世し、商売をすれば大もうけするという。これは市場に売り出した小型鏡であるため、官吏や商人など不特定の購入者を想定し、鏡の効能をうたっているのである。

まもなく呉派の創作した画像鏡の情報が淮派のもとに伝わってきた。西王母・東王公の陰陽二神や玉女・仙人など斬新なモチーフに「石氏」は衝撃を受けたのだろう。九一年、「石氏」は淮派ではじめて画像鏡を試作した(図26下)。「建初八年、呉朱師作」画像鏡にならって西王母の区画に「永元《えいげん》三年作」という紀年の榜題を入れ、銘帯に次の銘文をめぐらせた。

石氏作竟世少有。　石氏《せきし》鏡《かがみ》を作《つく》るに、世《よ》に有《あ》ること少《すく》なし。
東王公西王母。　東王公《とうおうこう》・西王母《せいおうぼ》あり。
人有三仙侍左右。　人《ひと》に三仙《さんせん》有《あ》り、左右《さゆう》に侍《じ》す。
後常侍名玉女。　後《うし》ろに常《つね》に侍《じ》す、名《な》は玉女《ぎょくじょ》。
雲中玉昌踊於鼓。　雲中《うんちゅう》玉娼《ぎょくしょう》、鼓《つづみ》に踊《おど》る。
白乕喜怒毋央咎。　白虎《びゃっこ》は喜怒《きど》し、殃咎《おうきゅう》なからん。
男爲公矦女□□。　男《おとこ》は公侯《こうこう》と為《な》り、女《おんな》は(王婦《おうふ》)ならん。
千秋萬歳生長久。　千秋万歳《せんしゅうばんざい》も生《いのち》は長久《ちょうきゅう》ならん。

起句と末句は前鏡と同じ。径は二五センチと大きく、富裕層を購買者に想定したため、第七行では王侯貴族になれると予言している。その三行をのぞく第二行から第六行は、図像の説明である。榜題は西王母の区画に「永元三年作」「西王母」「玉女」「仙人」、東王公の区画に「王

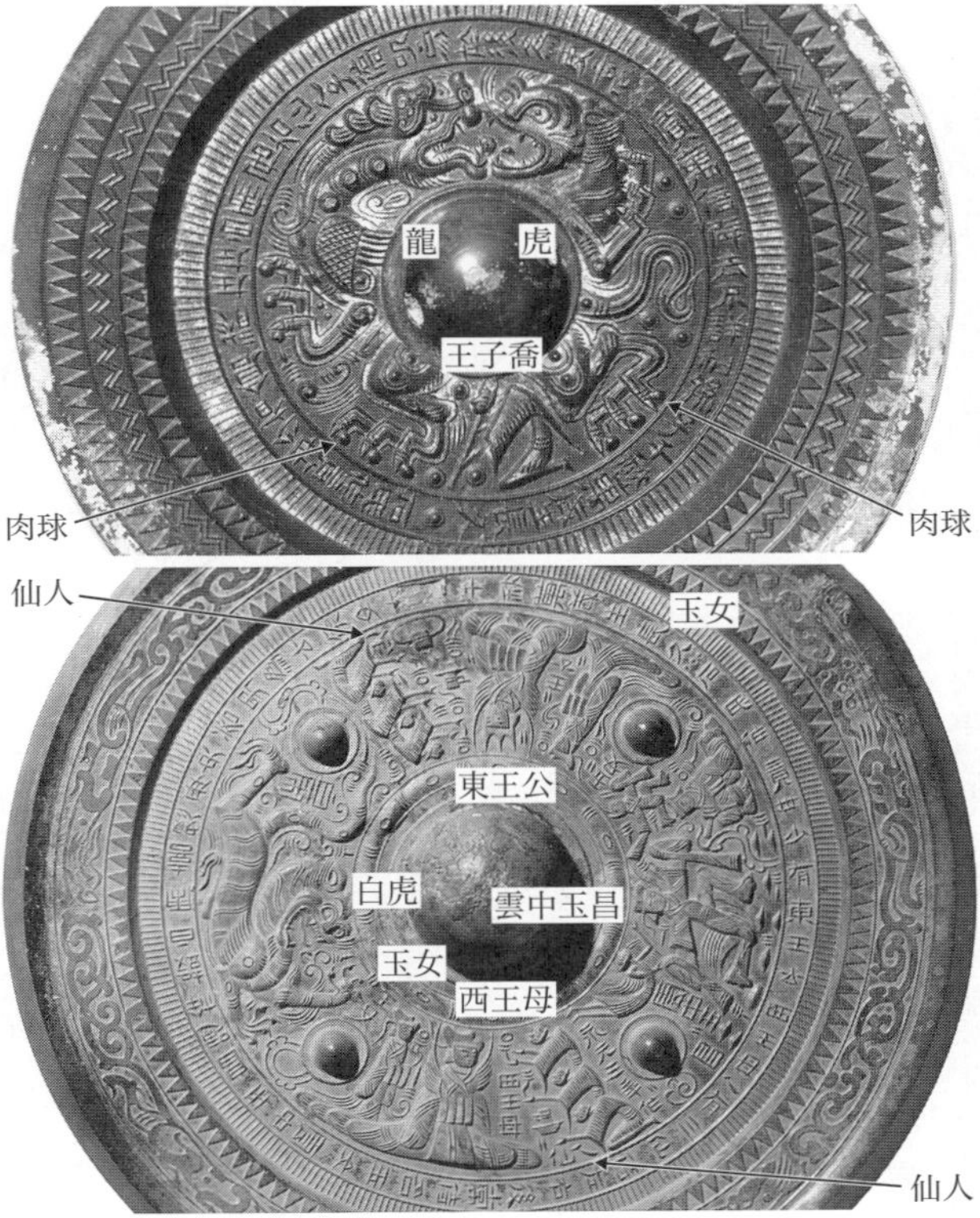

図 26　「石氏作」鏡
上：浙江省上虞県出土盤龍鏡
下：永元三年(91)画像鏡

公」「玉女」「仙人」、歌舞する女性の図像に「雲中玉昌」、白虎の図像に「白乕」とある。銘文のとおり西王母と東王公の後ろに「玉女」が立ち、前に三体の「仙人」が跪いている。「雲中玉昌」は舞姫の名で、左足を前に両手をひろげ、長い袖を振って舞う女性が大小二人あり、後ろに仙人が飛び、前に小鼓を叩く女性が坐っている。

鈕を挟んで反対側には、口を大きく開けた白虎が前足の爪を立てて威嚇するさまをあらわしている。銘文の「喜怒」は気が身体に充ちている状態、「殃咎」は災厄をいう。外区には尾が唐草状になった天の奇獣がめぐらされている。図像の全体は西王母と東王公によって陰陽が調和され、白虎によって守られた仙界で、「雲中玉昌」が楽しく舞い踊るさまを描いているのだろう。要するに、銘文は「石氏作」盤龍鏡のパターンをふまえつつ、図像文様は全体として呉派の画像鏡を模倣したのである。

「名工杜氏」のためらい

みずから「名工」を称した淮派の「杜氏」は、八〇年代に四神を中心とする瑞獣からエキゾチックな奇獣へとモチーフを転換し、独創的な銘文を練り、つねに業界をリードしているという自負心があった。かれが記した「往古を承受し、尚方を師とす」(A鏡)や「之れを後世に伝え、以て好醜を別たん」(B鏡)という銘文は、その自信のあらわれであった。そこに呉派の創案した画像鏡の情報が伝わってきた。「名工杜氏」の受けた衝撃は、想像するにあまりある。

江蘇省儀徴《ぎちょう》市で発見された「杜氏作」獣帯鏡(E鏡)は、径一五センチ、内区を四葉文乳で五区に分けている(図27上)。その一区画に正座する西王母とその横に跪く玉女があり、それぞれ「西王母」と「玉女」の榜題がある。そのほかの区画には、時計回りに、仙薬を搗く一対の仙人、馬に乗る仙人、虎に乗る仙人、仙薬を搗く一対の兎を配置している。上面の平らな浮彫の手法や西王母と玉女の図像と榜題を入れる手法は、先行する呉派の画像鏡にならったものであろう。外区には「杜氏」が好んで用いた象、二角をもつ牛、三足烏、双魚、人頭獣身の怪人などがめぐっている。内区外周の銘文は次のとおり。

杜氏作珍奇鏡兮、　　杜氏《とし》 珍奇《ちんき》なる鏡《かがみ》を作《つく》るに、
世之未有兮。　　世《よ》に之《こ》れ未《いま》だ有《あ》らず。
湅五解之英華畢。　　錬《ね》ること五《ご》たび之《こ》れを解《と》くに、英華《えいか》 畢《つ》くす。
畢而無極兮。　　畢《つ》きて而《しか》も極《きわ》まり無《な》し。
上西王母與玉女、　　上《うえ》には西王母《せいおうぼ》と玉女《ぎょくじょ》あり、
宜孫保子兮得所欲。　　孫《まご》に宜《よろ》しく子《こ》を保《たも》ち、欲《ほっ》する所《ところ》を得《え》ん。

吏人服之曾官秩。
白衣服之金財足。
與天無極兮。

吏人《りじん》之《こ》れを服《ふく》せば、官秩《かんちつ》を増《ま》さん。
白衣《はくい》之《こ》れを服《ふく》せば、金財《きんざい》足《た》らん。
天《てん》と極《きわ》まり無《な》からん。

七言句を主とした特殊な雑言体で、「尚方」から独立した直後に制作した「遺杜氏」盤龍鏡(C鏡、九七頁)の銘文によく似ている。この二面は九〇年ごろに相前後して制作されたのであろう。第五行は西王母と玉女の図像をあらわしたことをいうが、外区の奇獣についてはふれていない。第八行の「白衣」とは、無位無官の庶人のこと。比較的大きい鏡であるのに、民間人を購買者に想定し、金持ちになると予言している。また「杜氏」が「尚方」時代より用いていた「名工」の語が脱落している。プライドの高い「杜氏」のこと、部分的にも呉派の画像鏡をまねたことに内心忸怩たる思いがあったのかもしれない。

しかし、その「杜氏」も最後には呉派の画像鏡を受け入れた。合肥《がっぴ》市安徽省水電倉庫《すいでんそうこ》工地三号墓の「杜氏作」画像鏡(F鏡)は、径二一センチ、四葉文乳で四区に分けた内区に西王母・東王公と青龍・白虎の図像、および「西王母」「東王公」「玉女」の榜題を配している(図27下)。独立してからは四神すら用いなかった「杜氏」であるが、ここにいたって青龍・白虎を含む二神二獣鏡の構成をそのまま受け入れたのである。ただし、西王母の図像は頭が異常に大きく、

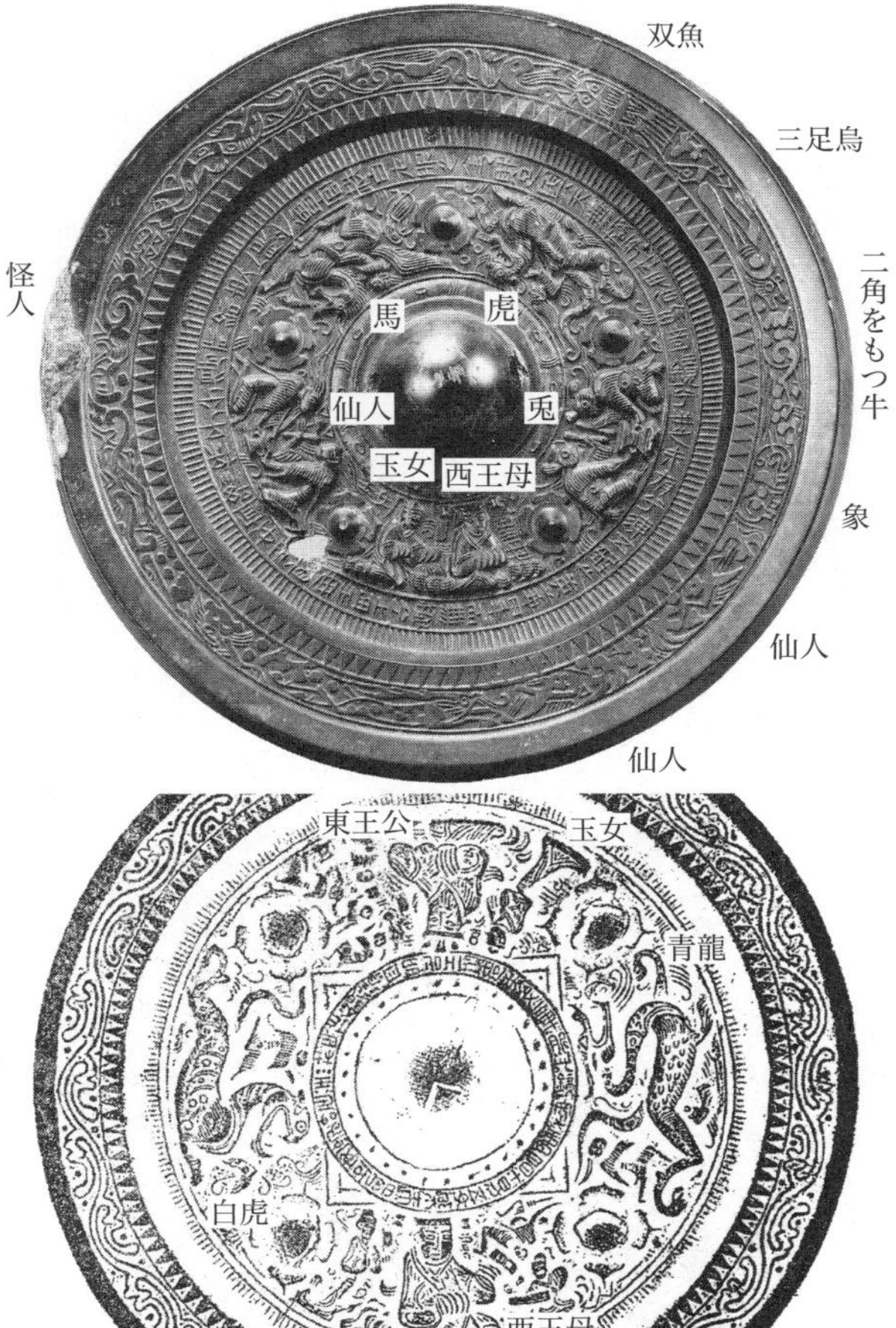

図 27 「名工杜氏作」鏡
上：江蘇省儀徴出土獣帯鏡(E 鏡)
下：安徽省合肥出土画像鏡(F 鏡)

「杜氏作」獣帯鏡（E鏡）を継承した独自の表現である。外区はパターン化した流雲文で、鈕座は方格の上に連珠文と銘帯がめぐらされ、その銘文にいう。

杜氏作鏡清且明。　杜氏《とし》鏡《かがみ》を作《つく》るに、清《きよらか》にして且《か》つ明《あきらか》なり。
名工所造成文章。　名工《めいこう》の造《つく》れる所《ところ》にして、文章《ぶんしょう》を成《な》す。
服此鏡富壽昌。　此《こ》の鏡《かがみ》を服《ふく》せば、富《と》み寿《いのち》は昌《さか》んならん。
十男五女樂未央。　十男五女《じゅうなんごじょ》あり、楽《たの》しみ未《いま》だ央《つ》きず。
居毋事如矦王。　事《こと》なきに居《お》り、侯王《こうおう》の如《ごと》し。

七言句を基本とし、上述の紹興漓渚出土「杜氏作」盤龍鏡（D鏡、一〇〇頁）に近い銘文で、ふたたび「名工」を自称しているものの、陳腐な常套句を羅列するのみである。これが「杜氏」最後の作品になった。「尚方」から身を起こし、一代かぎりで工房を閉じたのであろう。

「尚方」や「青蓋」などの工房は、規模が大きく、複数の鏡工をかかえていたが、呉派の三氏を含め、「杜氏」など個人名を冠した工房が世代をこえて継承されることは、あまり多くなかった。また、呉派が興起し、すぐれた銘文をつくった「杜氏」が工房を閉ざした二世紀以降、淮派の鏡工たちの創作意欲はしだいに薄れていった。

「池氏」の対応

前章にみたように、「池氏」は淮派の中で早い段階に個人工房を立ちあげた鏡工である。その獣帯鏡（図18、八六頁）は、鈕座に盤龍文、外区に「天公」と「河伯」の陰陽二神が雲車に乗って日月の間を循環する図像があり、その後も独自の獣帯鏡を制作していた。

画像鏡の情報が伝わったとき、「池氏」もまず獣帯鏡の中に西王母だけを取り込んでいる。その「池氏作」鏡は、径二〇センチ、乳で六区画に分けた内区には、西王母と仙人、宙返りをする仙人と鳥、二頭の獣（辟邪・天禄か）、龍、虎などを配している。その銘文は、

池氏作竟眞大巧。　池氏《ちし》 鏡《かがみ》を作《つく》るに、真《まこと》に大《おお》いに巧《たくみ》なり。
上有王僑赤甬子。　上《うえ》に王喬《おうきょう》・赤松子《せきしょうし》 有《あ》り。
令人陽遂不知老兮。　人《ひと》をして陽《よう》を遂《と》げしめ、老《お》いを知《し》らず。

とあり、淮派にふつうの七言句である。第二行には仙人の「王(子)喬と赤松子」をあげ、そのとおり図像には二体の仙人をあらわしているが、上位の神仙である西王母については、なぜか黙して語らない。第三行の「陽遂」は凹面鏡の「陽燧《ようすい》」ではなく、鏡の所有者が太陽のように輝くという意味であろう。

つづいて制作された「池氏作」獣帯鏡（図28上）は、前鏡と同じように円座の乳で内区を六区

画に分けているが、西王母に東王公が鈕を挟んで対置され、どちらも画像鏡に近い浮彫表現になっている。しかし、榜題はない。ほかの四区画には、西王母に向かう龍と双龍、東王公に向かう虎と馬車が配置され、全体として陰陽二神の循環をあらわしている。鈕座に盤龍文、外区に日月と天の瑞獣を配置するなど、「池氏」が制作してきた獣帯鏡の伝統を保持しつつ、部分的に画像鏡の要素を取り入れた構成である。その銘文は、次のとおり。

池氏作竟世未有。　池氏《ちし》鏡《かがみ》を作《つく》るに、世《よ》に未《いま》だ有《あ》らず。
位至三公車生耳。　位《くらい》は三公《さんこう》に至《いた》り、車《くるま》に耳《みみ》を生《しょう》じん。
男封矦女王婦。　男《おとこ》は侯《こう》に封《ほう》ぜられ、女《おんな》は王婦《おうふ》とならん。
壽而金石西王母。　寿《いのち》は金石《きんせき》・西王母《せいおうぼ》の如《ごと》し。

第二行の「車生耳」は、耳（泥よけ）のある馬車に乗るほど出世する意。第四行の「西王母」は、不死の神格として「金石」と並列されているだけで、本鏡の図像を説明した語ではない。呉派の影響を受けて「池氏」独自の獣帯鏡に西王母と東王公の図像は取り入れたものの、それ以上に画像鏡の要素を受容することはなかったのである。

　以上のように淮派の鏡工たちは、呉派の創作した画像鏡を九〇年代になって相次いで受容したが、その対応はそれぞれに異なっていた。いずれの鏡工も独自の銘文を用いつつ、真っ先に

図 28　淮派の特異な鏡
上：「池氏作」獣帯鏡
下：「袁氏作」画像鏡

受容した「石氏」は、呉派の画像鏡の図像表現を忠実に模倣した。これに対して「杜氏」や「池氏」らは画像鏡の要素を部分的に、しかも段階的に受け入れた。「杜氏」は最終的に二神二獣の構成と榜題を入れる手法を受容したが、「池氏」は六区画に主文を分ける獣帯鏡の構成を墨守しつづけた。このように鏡工ごとに受容のあり方がちがっていたのは、淮派の工房がそれぞれ自立し、民間の需要に応じた自由な作鏡がおこなわれていたからであろう。

伯牙と音楽

「石氏」より少し後れて工房を開いた淮派の鏡工に「袁氏《えんし》」がある。初期の制作になる画像鏡(図28下)は、径一三センチ、内区を円座の乳で四区に分け、鈕を挟んで「伯牙《はくが》」と「鍾子《しょうし》期《き》」、「蒼龍」と「白虎」をそれぞれ対置している。その銘文にいう。

袁氏作竟兮世少有。　袁氏《えんし》鏡《かがみ》を作《つく》るに、世《よ》に有《あ》ること少《すく》なし。
倉龍在左白帍居右。　蒼龍《そうりゅう》は左《ひだり》に在《あ》り、白虎《びゃっこ》は右《みぎ》に居《お》る。
白牙鼓瑟子其唫、　伯牙《はくが》瑟《しつ》を鼓《つまび》き、（鍾《しょう》）子期《しき》吟《ぎん》ず。
長樂無極如後宮、　長《なが》く楽《たの》しむこと極《きわ》まり無《な》く、後宮《こうきゅう》の如《ごと》し。
長保二親。　長《なが》く二《に》親《しん》を保《たも》たん。

最初の二行は上述の「石氏作」盤龍鏡（図26上、一二五頁）と同じで、「袁氏」は「石氏」と近い関係にあったことがうかがえる。第二・第三行は内区の図像の説明。「蒼龍（青龍）」と「白虎」は天の四方を守るはたらきをもつ。「伯牙」の図像は、膝の上に琴《きん》より大きい弦楽器の「瑟」を乗せ、両袖を跳ね上げて両手で弦を弾いている。鈕の反対側に端座する「鍾子期」は、その音を聞いて左袖で涙をぬぐうようにみえる。ふつうの二神二獣鏡なら西王母と東王公の陰陽二神が配置されるが、この「伯牙」と「鍾子期」のはたらきは何だろうか。

伯牙は琴の名手として知られる伝説上の人物で、戦国末期の『呂氏春秋《りょししゅんじゅう》』本味《ほんみ》に次のような説話が収録されている。

伯牙は琴を弾き、鍾子期はそれを聞いた。伯牙が高い山に思いをはせて琴を弾くと、鍾子期は「すばらしい琴の音だ。高くそびえること泰山のようだ」という。しばらく後に伯牙が流水を思い浮かべて弾くと、鍾子期は「すてきな琴の音だ。とうとうと流れる水のようだ」という。鍾子期が死ぬと、伯牙は琴を壊し、弦を断ち切って死ぬまで琴を弾かなかった。この世に琴を弾くに足る者はもういないと思ったからである。

よき理解者を意味する「知音《ちいん》」の語源にもなった説話であり、本鏡の図像は「伯牙」の弾く「瑟」の音に聴き入る「鍾子期」をあらわしたのであろう。二世紀後半の神獣鏡にも「伯牙琴《はくがきん》」

を弾く」や「伯牙楽を挙げれば、衆神容を現わす」などの銘文が頻出するが、本鏡では袖で涙をぬぐう「鍾子期」が「伯牙」と対等にあらわされているのがめずらしい。

後漢代における〝琴楽《きんがく》〟の流行を背景として、鏡に「伯牙」と「鍾子期」の説話をあらわしたのは、その音楽によって天の陰陽を調和するところに主たる目的があったように思われる。『呂氏春秋』大楽《だいがく》には「音楽は天地を調和する陰陽の調べなり」とあり、儒教経典の『礼記』楽記《がくき》にも音楽が天地の陰陽を和して季節が循環し、万物が化生《けしょう》するという。

呉派から淮派へとひろがった画像鏡では、西王母と東王公が陰陽を調和するはたらきを担った。これに対して淮派の「袁氏」は、画像鏡の意匠を受け入れつつ、陰陽調和のはたらきを「伯牙」と「鍾子期」に担わせたのであろう。「伯牙」と「鍾子期」を対等にあらわし、「伯牙」の「鼓瑟」に合わせて「鍾子期」が「吟」じたというのも、そのためであろう。

しかし、この斬新な試みは世間にあまり受け入れられなかったらしく、「袁氏」もすぐに西王母・東王公をあらわした画像鏡の制作に切り替えた。とはいえ、伯牙の〝琴楽〟は西王母と東王公のはたらきを活性化させるものとして、まもなく神獣鏡に取り込まれることになる。そこでの鍾子期は、伯牙の脇侍として位置づけられるのである。

第六章　幽玄なる神獣鏡の創作
――四川における広漢派の成立

天府の土

長江上流域の四川盆地は、早くから水稲農業や養蚕業がさかんで、塩・鉄・銅・竹木などの天然資源にも恵まれている。漢末に諸葛孔明《しょかつこうめい》が「天下三分《さんぶん》の計」を劉備《りゅうび》に説き、「険塞《けんさい》にして、沃野《よくや》千里《せんり》、天府《てんぷ》の土《くに》」に拠って曹操《そうそう》と孫権《そんけん》とに対抗したことで知られる。

前三一六年に秦は蜀《しょく》を滅ぼし、四川の開発を積極的に推し進めた。それをもとに漢代には各種の手工業が発達し、蜀郡と広漢《こうかん》郡に漆器制作の官営工房が設置されたことは第四章にみた。とくに鉄生産や、井戸から塩水を汲み上げて煮沸する製塩がさかんで、九〇年ごろ塩と鉄の専売制度が廃止されると、民間の経済活動はいっそう活発化した。

銅の採掘と精錬、青銅器の鋳造もさかんで、前漢はじめに富豪の鄧通《とうつう》が蜀郡で鋳造した銅銭は、天下に流通したという。実際に五銖銭や王莽銭の鋳型のほか、五〇キロをこえる重さのインゴット(銅素材)が出土し、そこには郡名・番号・重さが記され、郡が銅の生産を管理していたことがうかがえる。また、後漢代には四五年から八五年までの「蜀郡西工造」銅器があり、宮廷に上納する「乗輿《じょうよ》」銅器が郡の官営工房で制作されていたことがわかる。

しかし、淮派や呉派のような個人工房の出現、塩と鉄の専売制度の廃止と軌を一にするように、四川でも民間でつくられた青銅器が出現する。その代表的なものに、作器者を記した「蜀郡董氏《とうし》」や「蜀郡厳氏《げんし》」、犍為《けんい》郡の県名を記した「堂狼造《どうろう》」や「朱提造《しゅてい》」などの銅洗《どうせん》(盆)があり、「堂狼」洗には七六〜一六九年、「朱提」洗には九〇〜一四四年の紀年銘がある。

神獣鏡の成立

神獣鏡とは、内区に神仙と霊獣を浮彫であらわした鏡をいう。この定義は画像鏡の一部と重なるが、神獣鏡は図像の構成と配置が多様で、中国の東西に制作地がひろがっているため、これ以上に定義することはむずかしい。とりあえず神獣鏡の変化をみていくことにしよう。

神獣鏡の中で最初に出現したのが、環状乳神獣鏡である。後ろを振り向く獣の背中に神仙が坐り、獣の肩と腰には環状(臼状)の乳があるところから命名された。最古の作例は江蘇省宜興市の個人蔵の元興《げんこう》元年(一〇五)鏡(図29)で、径一二センチ、外区の銘文は次のとおり。

元興元年五月廿日甲午、天大赦、
廣漢西蜀、造作明竟、幽三商。
周徳無亟《ママ》、世徳光明。
長樂未、宜侯王。
富且昌。師命長。
位至三公兮。

元興元年《げんこうがんねん》五月《ごがつ》二十日《はつか》甲午《こうご》、天《てん》の大《おお》いに灼《しゃく》するとき、
広漢西蜀《こうかんせいしょく》にて、明鏡《めいきょう》を造作《ぞうさく》するに、三商《さんしょう》を幽《ゆう》(錬《れん》)す。
彫刻《ちょうこく》すること極《きわ》まり無《な》く、世《よ》よ光明《こうみょう》を得《え》ん。
長《なが》き楽《たの》しみ未《いま》だ(央《つ》きず)、侯王《こうおう》に宜《よろ》し。
富《と》み且《か》つ昌《さか》えん。師《し》の命《いのち》は長《なが》からん。
位《くらい》は三公《さんこう》に至《いた》らん。

和帝《わてい》(在位八八~一〇五)は一〇五年四月に大赦して改元し、これはその翌月の制作である。五月朔日《ついたち》の干支は癸丑《きちゅう》で、二〇日は壬申《じんしん》であるから、「甲午」は虚辞である。「天大赦」はこれまで解釈されてきた「天下に大赦《たいしゃ》する」という意味ではなく、光武英樹《みつたけひでき》が指摘するように、「赦《しゃ》」は「赤《せき》」「灼《しゃく》」「爍《しゃく》」と通じて火が燃えさかるさまをあらわし、本鏡が「五月の太陽がぎらぎらと照りつける」理想の日時に鋳造されたことをいう。

第二行の「広漢西蜀」は広漢郡に所在した「西蜀」と号する工房である。こうした広漢郡を中心に活動した作鏡者を広漢派と呼ぶ。

「幽(湅)三商」は難解だが、五行思想の「商《しょう》」は「金《こん》」で、「三商」は銅鏡の主要な三種の金属を意味し、ひそかに銅原料を精錬したことをいうのだろう。第三行は図像文様を余すところ

図 29　元興元年（105）環状乳神獣鏡

なく彫刻し、本鏡は永遠に光り輝くという。

第四・第五行は、購入者に対して鏡の効能を述べた三言の吉祥句で、高位高官や財産などの世俗的な願望を列挙している。官吏やその家族を購買者に想定しているのであろう。

「師命長」はこのときはじめて出現した語で、四言句では「其師命長」とし、銘文の末尾に置かれることが多い。「師」は作鏡者の尊称として用いられたほか、太平《たいへい》道《どう》や五斗米道《ごとべいどう》（天師道《てんしどう》）など初期道教の指導者を指すこともあり、

「命」は「いのち」の意味であろう。かれら道士たちが後漢代の墓券《ぼけん》（買地券《ばいちけん》）や鎮墓文《ちんぼぶん》などに用いた「急《いそ》ぎ律令《りつりょう》の如《ごと》くせよ（急如律令）」のように、これは広漢派の鏡工が呪文の一種として銘文に用いた可能性があろう。

内区外周には半円方形帯があり、その方格には「吾作明竟、幽湅三商、位至三公。（吾《わ》れ明《めい》鏡《きょう》を作《つく》るに、三商《さんしょう》を幽錬《ゆうれん》す。位《くらい》は三公《さんこう》に至《いた》らん。）」という銘文が一字ずつある。作鏡者の名ではなく、一人称代名詞で語りかける文体は、思想家の論説にはよくみかけるが、器物の銘文としてはきわめて異例である。しかし「吾作」の銘文は、広漢派の獣首鏡などにも用いられ、神獣鏡の拡散とともに三世紀までひろく用いられつづけた。「師命長」と同じように、鏡工みずからが購買者に語りかけるスタイルとして定着したのであろう。

内区には三組の神像と獣形がある。三神の像容は判然としないが、ふつうは西王母・東王公・伯牙で構成される。前章末にみた「袁氏作」画像鏡（図28下、一三三頁）では、伯牙と鍾子期は鈕を挟んで対置され、陰陽を調和する役割をはたしていたが、神獣鏡での伯牙は、西王母・東王公の陰陽二神と組み合わされ、琴の音で陰陽の調和を助けるようになったのであろう。神獣鏡における鍾子期の位置づけは、伯牙に比べて低く、脇侍として位置づけられている。

獣はいずれも天を支える柱の〝巨《きょ》（維剛《いごう》）〟を口に銜《くわ》えている。獣の種類はわからないが、二世紀末の神獣鏡では「天禽《てんきん》」と総称される。

外区は高く立ち上がり、上面に銘帯がめぐっている。この縁部(外区)を断面三角形の三角縁と対比して平縁《ひらぶち》と呼ぶ人もある。この環状乳神獣鏡にはじまる半円方形帯と外区の形状は、三世紀まで各種の神獣鏡にほとんどそのまま継承されている。

元興元年には別の環状乳三神三獣鏡が知られている。いま東京の五島《ごとう》美術館に所蔵する一面は、径九センチの小型鏡で、図像文様は前鏡とほとんど同じである。しかし、作鏡日と作鏡の経緯はちがっており、その銘文を冒頭の二行だけ示しておこう。

元興元年五月丙午日、天大赦、
廣漢造作、尚方明竟、

元興元年《げんこうがんねんご》五月丙午《がっへいご》の日《ひる》、天《てん》の大《おお》いに灼《しゃく》するとき、
広漢《こうかん》にて造作《ぞうさく》せる、尚方《しょうほう》の明鏡《めいきょう》なり。

この「五月丙午」は陽気最大となる鋳造の吉日で、つづく「日」は昼間の意である。第二行は朝廷の「尚方」に納める鏡を広漢郡で制作したことをいう。

三神の源流

四川には豊かな銅資源と長い青銅器文化の伝統があり、漢代には銅容器や銅銭を鋳造していたとはいえ、一〇五年以前に鏡を鋳造した形跡はなかった。そこに突如として神獣鏡が出現し

たのである。それは「彫刻すること極まり無し」と銘文にいうように、径一二センチの小さいカンバスに細かい図像と文様がびっしりと刻まれ、淮派や呉派などに前例のない、まったく斬新な文様構成である。その独創性は高く評価される。

ただし、西王母・東王公・伯牙の図像が出現した背景には、淮派の影響があったのだろう。八〇年代に呉派が西王母と東王公からなる画像鏡を創作した後、九〇年代に淮派はその陰陽二神を受容し、相前後して伯牙と鍾子期を鏡にあらわしていたからである。とくに東王公の名が文献に出現するのは四世紀以後のことで、画像石にその図像が刻まれるのは二世紀中ごろに下る。「東王公」の銘文と図像は、鏡が突出して早いのである。

鏡のほか、四川で発見される漢代の画像石や画像磚《せん》(レンガ)には、しばしば西王母があらわされ、伯牙と鍾子期が散見するものの、東王公はまったく発見されていない。第四章にみた六九年の「蜀郡西工」「盧氏作」漆盤には西王母と龍・虎が描かれ、二世紀の西王母は左右に龍と虎を配した台座に坐るのが四川特有の表現である。四川での西王母は、両性を具有する神仙として信仰され、一神二獣の組み合わせで表現されたのである。

陝西省北部の紀年銘をもつ画像石墓をみても、一〇七年までは西王母が単独であらわされ、西王母に東王公が配偶されるのは一五〇年の墓からである。つまり、一〇五年に神獣鏡を創作した広漢派は、地元の信仰を鏡の図像に採り入れたのではなく、遠く離れた淮派から西王母・東王公の陰陽二神と伯牙・鍾子期の意匠をひそかに受け入れ、それを独自に組み合わせて三神三獣の神獣鏡を創作した可能性が高い。民間にひろく鏡の題材を求めた呉派とは対照的に、広漢派は世間から隔離された「幽」なる工房で鏡を制作していたのであろうか。鋳造に好ましい日時を詳しく銘文に記し、神秘的な「幽錬」「師命長」などの語を用いたところにも、そうした広漢派の奥深い精神性を感じとることができる。

二世紀になると、世俗の喧騒を避けて人間としての自由を求める逸民《いつみん》が多くなり、民間では太平道や五斗米道などの初期道教が各地でひろまった。なかでも順帝《じゅんてい》(在位一二五～一四四)のころ、沛国(江蘇省)の張陵《ちょうりょう》が蜀の鵠鳴山《こくめいざん》(鶴鳴山《かくめいざん》)に移住して開いた五斗米道は、信者に五斗(約一〇リットル)の米を寄進させたことに由来するが、広漢派の鏡工と活動域が重なり、張陵が太平道や淮派の活動域の出身であることから、神獣鏡はこうした初期道教となんらかの関係があったのかもしれない。

神仙世界をあらわした神獣鏡を創作し、そこに新しい霊験性を付与するようになった広漢派の鏡工は、大都市に工房をもつ世俗の手工業者とちがって、みずから神仙術を実践する宗教者としても修練していたと考えられる。四世紀の葛洪《かっこう》『抱朴子《ほうぼくし》』には、四川岷山《みんざん》の道士が修行でえたという錬金術の話が収録されており、広漢派の鏡工たちは、そうした神秘的な錬金術師のさきがけであったのだろう。

獣首鏡と八鳳鏡

一〇五年に広漢派は、環状乳神獣鏡のほか、獣首鏡と八鳳《はちほう》鏡を創作している。その名は鈕座から四方に四葉文がのび、その間に配した獣面や対向する鳥の文様からつけられたものである。浮彫で図像を表現する神獣鏡とちがって、この二種の鏡は影絵ふうの平彫《ひらぼり》で文様をあらわし、内区と外区の高低差がほとんどないのが特徴である。連弧文帯をもつ特徴からも、黄河流域に流行した内行花文鏡の系譜を引くものと考えられる。

河南省南陽市博物館に所蔵する「元興元年五月丙午日」の獣首鏡(図30上)は、径一六センチ、銘文に「廣漢西蜀造作、尚方明竟」とある。主文はライオンのような毛におおわれた獣面で、四頭ともほぼ同形である。

同年に制作された八鳳鏡は、重慶《じゅうけい》市沙坪壩《さへいは》の画像石墓から出土した、数少ない発掘品の一つである(図30下)。径一三センチ、周縁の連弧文に二字ずつ配した銘文は「元興元年五月壬午」と読める。主文は図案化した一対の鳥が嘴《くちばし》をつきあわせて対向し、その奇怪な形から〝夔鳳《きほう》

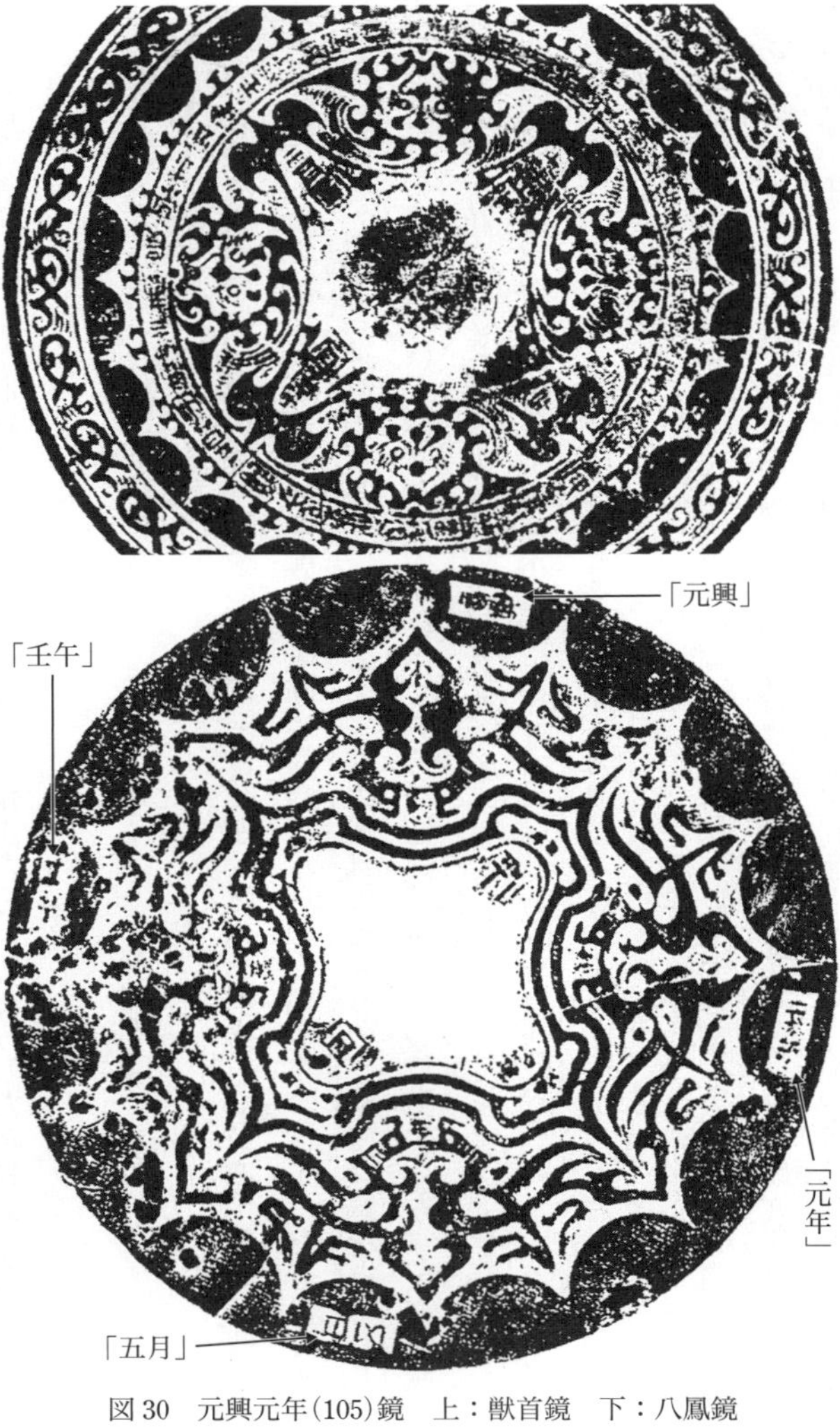

図 30　元興元年(105)鏡　上：獣首鏡　下：八鳳鏡

鏡〟とかつて呼ばれたが、後述の作例に「八爵相向(八雀《はちじゃくあ》相い向《む》かう)」という銘文があり、〝八鳳鏡〟と呼ぶべきである。この八鳳鏡も広漢派の作品とみてまちがいないだろう。

広漢派と「尚方」

広漢郡に郡の管轄する「広漢工官」が設置され、そこで制作された金象嵌《きんぞうがん》の鉄製小刀には一〇四年から一八四年までの作例があり、その工房は漢末まで存続したことがわかる。このため「広漢西蜀造作、尚方明竟」とある鏡も、「尚方」の委託によって広漢郡の官営工房で制作されたと考えられてきた。しかし、「広漢工官」が存在したにもかかわらず、「広漢西蜀」という別名を用いたのは不可解である。

四川でも一世紀末には民間の青銅器工房が出現したから、「尚方」から独立した淮派の「青盖」のように、「広漢西蜀」は「広漢工官」から分立した民営工房であろう。とくに、九〇年ごろ塩と鉄の専売制が廃止され、一〇五年一二月に和帝が崩御すると、鄧《とう》皇太后は蜀郡や広漢郡の「工官」における宮廷用の奢侈品の制作を廃止している。生活必需品だけでなく、奢侈品でさえ、官営工房で生産するより民間に委託する方が経済的であったからである。

そこで問題になるのが「尚方」である。第三章にみたように、王莽代に「尚方」御鏡の制作

図31 「董氏造作・尚方」八鳳鏡

がはじまったが、王莽政権の崩壊により、民間市場に向けて「尚方作」鏡を制作販売するようになった。しかし、いまみた広漢派の紀年鏡には「広漢西蜀造作」とあり、「尚方」は作鏡工房ではなく、御料の制作を管理する中央の役所と考えるべきであろう。このため「広漢西蜀造作、尚方明竟」とある鏡は、「尚方」の委託により「広漢西蜀」で制作されたと考えられる。

このような「尚方」鏡は「広漢西蜀」のほかに個人工房での作例もあり、たとえば河南省新郷《しんきょう》市金灯寺《きんとうじ》四七号墓の八鳳鏡（図31）には、次のような銘文がある。

正月丙午日、董氏造作、　正月丙午《しょうがつへいご》の日《ひる》に、董氏《とうし》の造作《ぞうさく》せる、
尚方明竟自有紀。　尚方《しょうほう》の明鏡《めいきょう》は、自《おのず》から紀《のり》 有《あ》り。
青龍白乕居左右。　青龍《せいりゅう》と白虎《びゃっこ》は、左右《さゆう》に居《お》る。
神魚仙人赤松子。　神魚《しんぎょ》と仙人《せんにん》の赤松子《せきしょうし》あり。
八爵相向法古始。　八雀《はちじゃく》 相《あ》い向《む》かうは古始《こし》に法《のっと》る。
長宜子孫。　長《なが》く子孫《しそん》に宜《よろ》し。

作鏡者は広漢派の「董氏」で、上述の「蜀郡董氏」銅洗（一三八頁）と同じ工房かもしれない。本鏡は黄河の北から出土したことから、いちど洛陽の「尚方」に納品され、その後に生前の被葬者が入手したのであろう。文様と銘文には淮派の影響があらわれ、銘文の「八雀 相い向かう」とは内区の対向する八羽の鳥、「青龍」「白虎」「神魚」「仙人赤松子」は外区の図像をいう。四神の玄武のかわりに九尾狐が配され、それぞれの胴部に日月・星辰の変形した文様があるのも、淮派の影響である。年号は記されていないが、およそ二世紀中葉の制作であろう。

一七八年の「暴氏作」環状乳神獣鏡の例もみておこう。これは三世紀に呉の都となった湖北省鄂州《がくしゅう》市の出土で、径一二センチ、内区と外区の一部が欠失しているが、その銘文にいう。

熹平七年正月廿五日丙午、
暴氏作尚方明竟、幽湅三商。
天王日月、上有……、
富且昌。長樂未央。

熹《き》平《へい》七《しち》年《ねん》正《しょう》月《がつ》二十五《にじゅうご》日《にち》丙午《へいご》に、
暴氏《ぼうし》 尚方《しょうほう》の明鏡《めいきょう》を作《つく》るに、三商《さんしょう》を幽錬《ゆうれん》す。
天王《てんおう》・日月《じつげつ》あり、上《うえ》には……有《あ》り、
富《と》み且《か》つ昌《さか》えん。長《なが》き楽《たの》しみ未《いま》だ央《つ》きず。

作鏡者の「暴氏」は南陽（河南省）の大豪族から分かれた鏡工と考えられるが、「暴氏」と「董氏」の鏡は、ほかに作例がなく、小さな工房だったのだろう。この鏡は「尚方」から直接発注されたのではなく、「広漢西蜀」の下請けであった可能性もあろう。

画文帯神獣鏡の完成

西王母と東王公の陰陽二神に伯牙が加わることによって三神三獣鏡が成立した。しかし、中国では二元論にもとづく対称性が好まれたから、三神像では落ち着きが悪かった。そこで伯牙と鈕を挟んで対称的な位置に配されたのが黄帝である。

黄帝は武力で最初に中国を統一した伝説の帝王であり、その伝記は『史記』の冒頭を飾っている。一九〇〇年代の銘文に「黄帝《こうてい》は凶《きょう》を除《のぞ》く」とあるのは、黄帝の威力によって邪霊を退けることが期待されたのであろう。黄帝はまた道家に重んじられ、戦国時代の『荘子』大宗師《だいそうし》には西王母と並ぶ不老不死の神仙とされている。黄河中流域の後漢墓に副葬された陶器には、黄帝（黄神）が天帝の使者として地下の冥官《みょうかん》に命令を下す鎮墓文がしばしば記されているのも、道家の流れをくむ方士が、黄帝を神仙とみなしていたことを示している。

西王母・東王公・伯牙の三神に黄帝を加えて成立したのが環状乳四神四獣鏡であり、上海博物館蔵の永康《えいこう》元年（一六七）鏡（図32）がもっとも早い。径一六センチ、獣形は四体とも天を支える柱の〝巨（維剛）〟を口に銜え、ほぼ同形である。内区外周には半円方形帯があり、その方格は田字形に区画して四字ずつ銘文を配置している。

永康元年、正月午日、　永康元年《えいこうがんねん》、正月《しょうがつ》（丙《へい》）午《ご》の日《ひる》に、
幽湅黄白、早作明竟、　黄《き》と白《しろ》を幽錬《ゆうれん》し、明鏡《めいきょう》を造作《ぞうさく》す。
買者大富、延壽命長。　買《か》う者《もの》は大《おお》いに富《と》み、寿《いのち》を延《の》ばし命長《いのちなが》からん。
上如王父、西王母兮、　上《うえ》は（東《とう》）王父《おうふ》、西王母《せいおうぼ》の如《ごと》し。
君宜高位、立至公矦、　君《あなた》は高位《こうい》に宜《よろ》しく、位《くらい》は公侯《こうこう》に至《いた》らん。
長生大吉、太師命長。　長生《ちょうせい》し大吉《だいきち》なり、太師《たいし》の命《いのち》は長《なが》からん。

第一行の「正月午日」は「正月丙午日」とするべきところを、四字句の制約と日中の「日《ひる》」を記す必要から「丙」字を脱したのである。第二行の「黄白」は鏡の主要原料である銅と錫を指

し、黄帝と伯牙を象徴するのだろう。この二神は重列式神獣鏡の銘文にいう「伯牙《はくが》は琴《きん》を弾《ひ》き、黄帝《こうてい》は凶《きょう》を除《のぞ》く」役割をもつほか、銅と錫をうまく調和させることによって、光かがやく本鏡が鋳造できたことをいう。第三行以下は購入者に鏡の効能をうたう吉祥句。

外区には銘帯のかわりに精細な画文帯がめぐらされている。画文帯とは、天帝の「太一《たいいつ》（太乙）」が神龍の牽く雲車に乗り、三足烏のいる日をもつ日神と蟾蜍のいる月をもつ月神、鳥や獣に乗る仙人がこれにしたがって奔走する図像である。第四章にみた一世紀後半の「池氏作」獣帯鏡（図18、八六頁）では、外区に天神の「天公」と水神の「河伯」とが日と月の間を順行していたが、画文帯はこれを継承し、雲車に乗る「太一」と日神・月神をめぐらせることによって天の運行をあらわしたのだろう。一八〇年代の銘文に「邊則太一（辺《へん》は太一《たいいつ》に則《のっと》る）」とあるのは、外区の宇宙は「太一」に準則することをいう。

このように画文帯神獣鏡は一六七年に完成をみた。その内区には陰陽の調和と辟邪のはたらきをもつ四神四獣をあらわし、外区の画文帯には「太一」と日神・月神の出行によって天の運行をあらわした。それまでの西王母と東王公を中心とする仙界に、天帝の「太一」を中心とする天界を加えることにより、天を象徴する画文帯神獣鏡を所持すれば、人びとのさまざまな願望がかなえられると考えられたのである。

図 32　永康元年(167)環状乳四神四獣鏡

後漢王朝の混乱

二世紀になると、幼少の皇帝が相次いで即位し、皇太后や外戚が政権をほしいままにした。皇帝に近侍する宦官《かんがん》はこれにはげしく対立し、やがて儒家官僚や豪族を巻きこんだ死闘がくりひろげられていった。一六六年一二月、宦官が李膺《りよう》ら官僚の党人《とうじん》たち二〇〇人あまりを逮捕し(党錮《とうこ》の禁《きん》)、翌年六月八日の大赦で党人は釈放されたが、宦官の専横はますますはげしくなり、一八四年に黄巾《こうきん》の乱が勃発するまで宦官による党人の弾圧がつづいた。

このときの政治情況を伝える希有な鏡が、湖北省鄂州市西山出土の永康元年(一六七)獣首鏡である。径一五センチ、その銘文は次のようにいう。

永康元年六月八日庚申、天下大赦、　永康元年六月八日《えいこうがんねんろくがつようか》庚申《こうしん》、天下《てんか》に大赦《たいしゃ》す。
吾造作尚方明竟、　吾《わ》れ尚方《しょうほう》の明鏡《めいきょう》を造作《ぞうさく》するに、
合涑黄白、周刻兮。　黄《き》と白《しろ》を合《あ》わせ錬《ね》り、彫刻《ちょうこく》す。

これは「六月庚申、天下に大赦し、悉く党錮を除き、永康と改元す」という『後漢書』桓帝紀《かんていき》の記事と合致し、大赦改元して党人たちを釈放したことを裏づける。しかし、大赦令は漢代にしばしば下されているにもかかわらず、なぜこのときだけ銘文に特記されたのであろうか。

桓帝（在位一四六～一六八）と霊帝《れいてい》（在位一六八～一八九）のころ、こうした内政の混乱がつづき、天候不順による不作、周辺民族の侵入が相次いで、後漢王朝は急速に衰退していったが、逆に広漢派の作鏡は最盛期をむかえる。「広漢西蜀」を中心に「董氏」や「暴氏」らの工房が「尚方明鏡」の制作を受注したことは、さきにみたとおりである。

文様と銘文からみて、この「永康元年六月八日」鏡は「広漢西蜀」の制作と考えられるが、そこには一人称で「吾作」とあるだけで、誇るべきブランド名が記されていない。なぜか「広漢西蜀」は、一六四～一七三年までの一〇年間、「尚方明鏡」であっても作鏡者として銘文にその名を記すことがなかったのである。また、伝北朝鮮ピョンヤン市出土の延熹七年（一六四）獣首鏡（東京国立博物館蔵）の銘文は、次のようにいう。

延熹七年正月壬午、

吾造作尚方明竟、幽湅三岡。

買人大冨、師命長。

延熹《えんき》七年《しちねん》正月《しょうがつ》壬午《じんご》に、

吾《わ》れ尚方《しょうほう》の明鏡《めいきょう》を造作《ぞうさく》するに、三剛《さんごう》を幽錬《ゆうれん》す。

買《か》う人《ひと》は大《おお》いに富《と》み、師《し》の命《いのち》は長《なが》からん。

径一五センチ、銘文の「三剛」は原料として用いた三種の堅剛な金属をいい、そのとおり白銅質の優品である。文様や銘文の特徴からみて、これも「広漢西蜀」の制作と考えられるが、そのブランド名を隠して「尚方明鏡」をうたい、不特定の購買者をターゲットに「買う人は大いに富み」と宣伝しているのである。

広漢郡の官営工房が民営化した「広漢西蜀」は、在地の豪族がその経営を主導していたと考えられる。このため、永康元年鏡に「天下大赦」を特記したのは、その工房が宦官に弾圧された党人を支援していたからではなかろうか。中央の尚方は宦官によって管掌されていたから、党人に連なる「広漢西蜀」の名を「尚方明鏡」に記すことがはばかられたのかもしれない。あるいは、不特定の購買者をターゲットにしていることからみれば、朝廷の混乱に乗じて「尚方明鏡」を詐称して民間の市場に横流しした可能性もあろう。いずれにせよ、広漢派の紀年鏡は、銘文に中央の政治動向を色濃く反映していたのである。

しかし、そうした広漢派における紀年鏡の制作も、一六〇年代にピークをむかえた後、一九〇年を最後に断絶する。広漢派の鏡生産は、中央からの受注に大きく依存していたため、後漢王朝の衰退が大きく影響したのだろう。

また、一八四年に中国東部で太平道の張角《ちょうかく》らによる黄巾の乱が勃発し、四川では同年に五斗米道の張脩《ちょうしゅう》、一八八年には黄巾の馬相《ばしょう》が反乱を起こした。こうした地方の兵乱がひとまず終息すると、中央では宦官と外戚との対立がふたたびはげしくなり、宦官は外戚の何進《かしん》を謀殺するが、袁紹《えんしょう》らは宦官を皆殺しにした。その直後に董卓《とうたく》が洛陽に進軍し、少帝《しょうてい》(在位一八九)を廃して献帝《けんてい》(在位一八九～二二〇)を即位させた。これに対して、袁紹や曹操ら反董卓の軍が各地で決起したため、一九〇年に董卓は洛陽の都を焼き払い、献帝を擁して長安に逃走した。その董卓は側近の呂布《りょふ》に殺され、長安では董卓の武将らが略奪をほしいままにしたため、「関中《かんちゅう》にはまた人跡《じんせき》なし」(『後漢書』董卓伝)と荒廃した。次章にみるように、広漢派とそれに連なる鏡工が江南や徐州《じょしゅう》に移転するのも、こうした社会の混乱が背景にあった可能性が高い。

三段式神仙鏡

二世紀後半に広漢派の周辺で三段式神仙鏡が生みだされる。それは内区を水平線で上中下三段に区画し、それぞれに神仙や聖人像を配置した鏡である。広漢派の環状乳神獣鏡が神仙と霊獣をあらわし、いずれも鈕に頭を向けた求心式の配置であるのに対して、三段式神仙鏡は神仙(聖人)像が主体となり、雛壇式の図像配置となっている。たとえば、湖北省荊州博物館蔵の三段式神仙鏡(図33)はその初期の例で、径一八・五センチ、内区外周には次の銘文がある。

黄蓋作竟甚有畏、　　黄蓋《こうしょう》鏡《かがみ》を作《つく》るに、甚《まこと》に威《おごそか》なり。
國壽無亟、下利二親。　　国寿《こくじゅ》は極《きわ》まり無《な》く、下《しも》は二親《にしん》に利《よろ》し。
尭《ママ》賜女爲帝君。　　尭《ぎょう》は女《むすめ》を賜《たま》い、帝君《ていくん》と為《な》す。

一母婦坐子九人。
翠盖覆貴敬坐盧、
東王父西王母哀萬民兮。

一母婦《いちぼふ》坐《ざ》し、子《こ》は九人《くにん》。
翠蓋《すいがい》は貴《き》を覆《おお》い、敬《つつし》みて盧《ろ》に坐《ざ》す。
東王父《とうおうふ》・西王母《せいおうぼ》は万民《ばんみん》を哀《いつく》しむ。

作鏡者の「黄盖」は「黄祥《こうしょう》」の仮借であろう。淮派の「青盖」は一世紀末に「青羊」「黄羊」「三羊」など「盖(祥)」字の雅号を共有する小工房に分解したが(一〇五頁)、その一部は四川に移って広漢派の周辺で盤龍鏡などを制作していた。「黄盖」や建寧《けんねい》二年(一六九)獣首鏡を制作した「三羊」は、その流れを引く小工房であろう。その鏡には広漢派と共通する文様が多いものの、「広漢西蜀」が四言の銘文を主に用いたのに対して、それらの鏡は七言を主とする銘文を用いたところに淮派の影響がのこっている。

銘文の第一行は「黄盖」のつくった鏡にまことの威風が備わっていることをうたい、その効能として第二行には、国家が永遠に安泰で、人びとの両親に有益であるという。この第二行だけが四言であるのは、儒家観念を反映しているからである。

第三行以下は内区の図像解説である。下段の中央には幹の絡み合った樹木が枝を左右に大きくひろげ、向かって左側に二人の男性、右側に二人の女性が坐っている。樹木の下に坐って右手を挙げるのが五帝の一人「尭《ぎょう》」であり、その前に跪くのが舜《しゅん》、後ろの女性が尭の娘であろう。

図33 「黄盖作」三段式神仙鏡

堯は舜の徳をみいだし、自分の二人の娘を舜にめあわせて王位を禅譲《ぜんじょう》したという故事(『史記』五帝本紀)をあらわしている。

第四・第五行は上段の図像解説。中央には亀の背に羽根状の傘をもつ「翠蓋」があり、右側に赤児を胸に抱える「一母婦」が坐し、赤児を含む「子九人」がそれを取り囲んでいる。中段には鈕の左に「東王父」、右に「西王母」があり、どちらも雲気上の龍虎座に坐っている。龍虎座に坐る西王母は四川の画像石(磚)に多くみられ、その図像が在地に取材していることがわかる。銘文の末句は、その二神が「万民を哀しむ」という。

上段の図像について大手前大学の森下章司は、道教文献をもとに「子九人」は天皇《てんこう》大帝・紫微《しび》大帝・北斗《ほくと》七星という星座で、「母婦」は「斗母《とぼ》」とも呼ばれる子供たちの生母であり、上段全体は華蓋《かがい》座とともに天界を象徴していると考証した。中段は東王父と西王母の仙界であり、下段は聖王をあらわした人界である。

このほか陝西省西安市未央《びおう》区出土の三段式神仙鏡には「蒼頡《そうけつ》は書《しょ》を作《つく》り、以《もっ》て後生《こうせい》に教《おし》う。燧人《すいじん》は火《ひ》を造《つく》り、五味《ごみ》(を生《しょう》ず)」という銘文があり、鳥の足跡をみて文字を創作した「蒼頡」と釜で調理をする「燧人」の図像が内区下段にあらわされている。この二人は文字と調理という文明を創造した聖人である。

要するに、「永康元年」画文帯神獣鏡は外区に天界、内区に仙界をめぐらせたのに対して、三段式神仙鏡はそれに人界を加えて天界・仙界・人界を上下三段に配列したのである。

対置式神獣鏡の創作

三段式神仙鏡はしだいに図像それぞれの個性を失い、形式化してゆく。また内区外周の銘帯のかわりに環状乳神獣鏡から半円方形帯を借用し、その方格に短い銘文を入れるようになる。この段階に出現する作鏡者が「九子《きゅうし》」で、銘文の冒頭に「九子明竟」や「九子竟」として記される。それは上段図像の星座を工房の雅号としたものであろう。中国で発掘された「九子」の三段式神仙鏡は三面あり、すべて西安市内の出土であることから、その工房は四川ではなく長安周辺にあった可能性がある。

「九子」工房では環状乳神獣鏡も制作しており、その初期の作例が京都国立博物館に所蔵されている（図34上）。径一四センチ、内区の図像は西王母・東王公・伯牙・蒼頡の四神からなり、伯牙の横は鍾子期だが、蒼頡には穀物の穂を手にもつ神農《しんのう》が対面している。神農は食用植物とその栽培法を人びとに教えた聖人であり、三段式神仙鏡の下段には蒼頡と神農が組み合わさることが多い。西王母と東王公が龍虎座に坐り、西王母の顔に仏像のような髪の生え際《はえぎわ》を刻み、両肩から蕨手《わらびて》状の気が立ちのぼることも、先行する環状乳神獣鏡にはみられない、三段式神仙鏡に由来する表現である。また、獣の肩と腰にある環状乳が薄い鍋形であるのも「九子」鏡の特徴である。「九子」は広漢派の環状乳神獣鏡を模倣しつつ、それに自己流の表現をアレンジしたのである。内区外周には半円方形帯があり、方格に次の銘文を一字ずつ入れる。

九子明鏡、長利作容。　九子《きゅうし》の明鏡《めいきょう》は、長《なが》く容《すがた》を作《な》すに利《よろ》し。

服者富、師命長。　服《ふく》する者《もの》は富《と》み、師《し》の命《いのち》は長《なが》からん。

末句の「師命長」は、広漢派にはじまる定型句である。一段高くなった外区には、天の運行をあらわした画文帯と三角形の雲文帯とをめぐらせている。三段式神仙鏡では天界・仙界・人界を内区の上下に配置していたが、この環状乳神獣鏡では外区に天界、内区に仙界と人界をあらわしたのである。

環状乳神獣鏡の模作につづいて「九子」が試作したのが対置式神獣鏡である。京都府椿井《つばい》大塚山古墳の出土例は、径一四センチ、内区には西王母と東王公とが鈕を挟んで対置され、それぞれの神に頭を向けた獣が左右に配されている(図34下)。両神は龍虎座に坐り、両肩から蕨手状の気を立ちのぼらせ、西王母の顔には髪の生え際を刻んでいる。これが「九子」鏡の特徴である。獣の後ろ足の上には黄帝と蒼頡らしい図像が小さくあらわされ、それぞれに人頭鳥身の神が対面している。広漢派の環状乳神獣鏡では西王母・東王公・伯牙・黄帝の四神と四獣とが鈕のまわりに対等の関係で交互に配置されていたが、この鏡では左右に獣をしたがえた西王母と東王公とが主神として対置され、獣の後ろに黄帝や蒼頡らの聖人が従属的に加えられているのである。以後の対置式神獣鏡でも神像の配置に主従関係が認められ、副神として伯牙や神農などが加えられることもある。内区外周には半円方形帯があり、西王母の下には朱雀、東王公の下には玄武を配している。この朱雀と玄武は、方位をあらわすのではなく、西王母と東王公の陰陽を調和するはたらきを助けるのであろう。方格には次の銘文を一字ずつ入れる。

九子作、明如光。　九子《きゅうし》作《つく》るに、明《あか》るきこと光《ひかり》の如《ごと》し。

服者矦王。　服《ふく》する者《もの》は矦王《こうおう》ならん。

図 34 「九子」鏡
上：環状乳神獣鏡
下：対置式神獣鏡

これも「九子」特有の簡単な銘文である。外区には画文帯と唐草状の雲文帯とをめぐらせている。この雲文帯も広漢派の鏡に先行例があり、それにならったのであろう。

以上のように「九子」工房では、三段式神仙鏡の制作に相前後して広漢派の環状乳神獣鏡を模作し、それをもとに対置式神獣鏡を創作した。連続してつくられた三種の「九子」鏡は、図像の配置がそれぞれ異なるものの、西王母と東王公は龍虎座に坐り、両肩から蕨手状の気を立ちのぼらせ、西王母の顔に髪の生え際を刻む特徴は一貫している。また、広漢派の環状乳神獣鏡は西王母・東王公・伯牙の三神、またはそれに黄帝が加わった四神で構成されていたが、対置式神獣鏡では西王母と東王公が主神となり、伯牙と黄帝のほか、蒼頡や神農など三段式神仙鏡に由来する聖人が従属的に配置されている。

「九子」に近い作風の鏡工に「三王」がある。これも鏡の図像にちなむ工房の雅号であろう。作品の数は「九子」が多く、広漢派から分かれて対置式神獣鏡などを制作した鏡工たちを九子派と呼ぶ。「三王」を含めて九子派の多くは、まもなく江南に移転し、三世紀の呉鏡の基礎を形づくった。椿井大塚山古墳から出土した「九子」鏡は、そうした移転後の作品であるが、その詳細は次章で検討することにしよう。

第七章　うつろう鏡工たち
——東方にひろがる神獣鏡

江南に移転した九子派

江南では一二九年に会稽郡の北部を分割して呉郡が新設され、呉県(江蘇省蘇州)が治所となった。呉県では八〇年代に「朱師」らが画像鏡を創作し、その制作は二世紀に継続したが、その後はとくに目新しい作品はなく、呉派の作鏡活動はしだいに衰退していったらしい。

そこに九子派が移転し、対置式神獣鏡の制作をはじめた。湖北省鄂州市から出土した「九子」鏡は、径一三センチ、図像の構成と表現は椿井大塚山古墳の例と酷似している。それとちがうところは、鏡背の全面に金メッキをほどこし、鈕の上に龍文をタガネ彫りしていることである。鈕に浮彫の龍文をあしらった例が広漢派の環状乳神獣鏡や獣首鏡にあり、それをまねたのであろう。金メッキの鏡は、後漢後期では比較的めずらしい。

北中国は周辺民族の侵入や黄巾の乱などで混乱していたが、江南は比較的平穏で、呉県には

〝呉の四姓《しせい》〟と呼ばれる有力な豪族が育っていたこともあり、二〇〇年、孫権はここに駐屯して呉国の礎を築いた。そうした豪族がパトロンとして九子派を支援した可能性が高い。

この「九子」鏡と同じような龍文鈕をもち、背面に金メッキをほどこした対置式神獣鏡が、鄂州市で発見されている(図35)。径一五センチ、主文と外区の文様構成が類似しているほか、西王母と東王公が龍虎座に坐り、両肩に蕨手状の気が立ち、西王母の顔に髪の生え際を刻む特徴は、まさに九子派の作風にほかならない。方格の銘文は次のようにいう。

呉造明鏡、神聖設容。　呉《ご》　明鏡《めいきょう》を造《つく》るに、神聖《しんせい》は容《すがた》を設《もう》ける。

服者卿公。　服《ふく》する者《もの》は卿公《けいこう》とならん。

冒頭の「呉」は呉郡もしくは呉県である。本鏡が九子派の作品であるならば、その工房は江南の中心地であった呉県に転入したと考えられる。銘文に「服する者は卿公とならん」と記したのも、本鏡を服用するパトロンを嘉したのであろう。

洛陽から江南に移った「趙禹」

同じころ洛陽から江南に移ってきた鏡工に「趙禹《ちょうう》」がいる。一九〇年、董卓の破壊によって都の洛陽が荒廃し、難民となって逃れてきたのだろう。「趙禹」作の八鳳鏡は、径一三センチ、

図 35　「呉造」対置式神獣鏡

バラバラに破損しているが、周縁に沿って次のような銘文がある。

惟此善鏡、煥竝照明。　惟《こ》れ此《こ》の善《よ》き鏡《かがみ》は、煥《かが》やき並《なら》びに照明《しょうめい》なり。
□禹所作、本出雒陽。　(趙《ちょう》)禹《う》の作《つく》る所《ところ》なり、本《もと》 雒陽《らくよう》に出《い》づ。
百湅千辟、分別文章。　百《ひゃく》たび錬《ね》り千《せん》たび辟《のぞ》き、文章《ぶんしょう》を分別《ぶんべつ》す。
左龍右乕、招福除央。　左龍《さりゅう》と右虎《うこ》は、福《ふく》を招《まね》き殃《わざわい》を除《のぞ》く。
對巨相郷、朱鳥鳳皇。　巨《きょ》に対《たい》し相《あ》い嚮《む》かうは、朱鳥《しゅちょう》と鳳凰《ほうおう》なり。
天神集會、祐父宜兄。　天神《てんじん》 集会《しゅうかい》し、父《ちち》を祐《たす》け兄《あに》に宜《よろ》し。
男則封矦、女即侍王。　男《おとこ》は則《すなわ》ち侯《こう》に封《ほう》ぜられ、女《おんな》は即《すなわ》ち王《おう》に侍《じ》さん。
大吉祥。　大《おお》いに吉祥《きっしょう》ならん。

自己のプロフィールを記した第二行をのぞいて、次にみる「張氏元公《ちょうしげんこう》」同向式神獣鏡(D鏡)と同じパターンの銘文であり、それを借用したのであろう。

第一行は明るく光り輝く鏡を制作したことをいう。「雒陽」は「洛陽」の別表記で、漢王朝は五行思想にもとづいて火徳を採ったため、水につくる「洛」字を避け、火の鳥を連想する「雒」字に変えたのである。「百湅千辟」は銅原料をくりかえし精錬して不純物を除去したという意味。第五行の「巨」は天を支える柱であるが、本鏡にあらわされているのは対向する八羽の鳳凰だけで、「巨」や「左龍・右虎」「天神」の図像はない。
八鳳鏡は二世紀はじめに広漢派が創作した鏡である(図30下、一四六頁)。二世紀後葉に九子派などが江南に移転する中で八鳳鏡のデザインが伝えられ、「趙禹」はそのデザインと次に述べる「張氏元公」の銘文とを組み合わせて本鏡を制作したのであろう。

「張氏元公」の登場

環状乳神獣鏡の情報は、九子派の転入よりも少し前に江南に伝わっていた。呉派の鏡工はその斬新なモチーフに魅せられたらしく、呉郡の「張氏元公」はさっそくそれを模作した。およそ一八〇年代のことである。浙江省紹興県上游から出土した環状乳神獣鏡は、径一二センチ、内区には西王母・東王公・伯牙・黄帝の四神と反時計回りにめぐる四獣、内区外周には半円方形帯があり、その構成や精緻な表現は、細部にいたるまで広漢派の作例を忠実に模倣している(図36上)。これをA鏡とする。外区の銘文は次のとおり。

呉郡胡陽、張氏元公。　呉《ご》郡《ぐん》胡《こ》陽《よう》(里《り》)の、張氏《ちょうし》の元公《げんこう》は、
制作虚无、自異於衆。　虚無《きょむ》を制作《せいさく》するに、自《おのず》から衆《おおくのもの》と異《こと》なる。
造爲明鏡、日月合萌。　明鏡《めいきょう》を造為《ぞうい》するに、日月《じつげつ》と明《めい》を合《あ》わさん。

図 36　「張氏元公」神獣鏡(1)
上：環状乳神獣鏡(A 鏡)
下：三段式神獣鏡(C 鏡)

図 37 「張氏元公」神獣鏡(2)
上：同向式神獣鏡(D 鏡)
下：重列式神獣鏡(E 鏡)

四時永別、□□□王。　四時《しいじ》を永《とこし》えに別《わか》ち、□□□王《おう》。
天□和親、富貴番昌。　天《てん》□和親《わしん》し、富貴《ふうき》蕃昌《ばんしょう》ならん。
百精竝存、其師命長。　百精《ひゃくせい》並存《へいぞん》し、其《そ》の師《し》の命《いのち》は長《なが》からん。

作鏡者の「張氏元公」は張家の長男であろう。しかし、姓と名を記したのは、家業ではなく、個人としての制作という意識のあらわれであろう。上述の「趙禹」や「九子」と同じころに対置式神獣鏡を制作した「呉郡趙忠《ごぐんちょうちゅう》」もまた、そうした一匹狼の鏡工であり、その精神は三世紀の会稽派に継承されていった。「胡陽《こよう》」はかつて「周氏」工房が所在した呉県内の里名である。画像鏡の銘文に「呉何陽周是作」や「呉胡陽里周仲作」と記され、「張氏元公」の工房はこの伝統ある場所に所在したのである。

　かれの前歴は不明だが、呉派の銘文はほとんどが七言の定型句であったのに、これは前例のない四言句であるから、呉の鏡工としては並外れた作文力をもっていたらしい。第二行の「虚无」は「虚空」や「天空」の意味で、道家のように鏡を天にみたて、制作した明鏡は日月のように光り輝き、四季が永遠に循環するという。「百精」は神がみのこと。銘文末の「其師命長」や半円方形帯の方格にみえる「吾作明鏡、幽湅三商。長宜子孫。」という四言句は、広漢派の鏡に多く用いられていた。もっとも呉県の城内に工房を構える「張氏元公」が、このとき「其師命長」や「幽湅三商」の奥義をどれほど理解していたのかは定かではない。

「張氏元公」その後

神獣鏡の模作に満足できなくなった「張氏元公」は、まもなく呉郡から転出した。家業という束縛がなかったからであろう。あるいは九子派が呉郡に転入し、パトロンの支援をえて斬新な対置式神獣鏡を制作したため、居場所がなくなったのかもしれない。いずれにせよ、新天地でまず試作したB鏡は、西王母・東王公・伯牙・黄帝の四神はそのままに、獣は肩までの上半身だけをあらわし、環状乳を八個から四個に半減した環状乳神獣鏡である。径一〇センチ、「九子」鏡に比べていささか貧弱な大きさだが、外区の銘文は次のようにいう。

惟此明鏡、幽湅三商。　惟《こ》れ此《こ》の明鏡《めいきょう》は、三商《さんしょう》を幽錬《ゆうれん》す。
本出呉郡、張氏元公。　本《もと》呉郡《ごぐん》より出《い》でし、張氏《ちょうし》の元公《げんこう》は、
百湅、　百《ひゃく》たび錬《ね》り、
制作虚无、自異於衆。　虚無《きょむ》を制作《せいさく》するに、自《おのず》から衆《おおくのもの》と異《こと》なる。
造爲明鏡、日月合萌。　明鏡《めいきょう》を造為《ぞうい》するに、日月《じつげつ》と明《めい》を合《あ》わさん。
四時永別、□□命長。　四時《しいじ》を永《とこし》えに別《わか》ち、(其《そ》の師《し》の)命《いのち》は長《なが》からん。

第二行には呉郡から出て本鏡を制作したことをいう。転出先は記していないから、かれは呉人のアイデンティティだけを強く意識していたらしい。第三行に「百湅」の二字しかないのは、第一行に「幽湅三商」という類句を刻んでいたことに気づいたからであり、やむなく以下には前鏡とほぼ同じ語句を用いた。新天地での創作意欲だけが空回りしているようである。

次いで制作されたのがC鏡（名古屋市博物館蔵の松本コレクション）で、径九センチとさらに小さくなっている。九子派の三段式神仙鏡を模倣し、内区を「距（巨）」で三段に分け、上段に伯牙と龍・虎、中段に西王母と東王公、下段に黄帝・仙人・獣を配している（図36下）。神像の構成は「張氏元公」環状乳神獣鏡をそのまま継承し、天神はあらわされていない。半円方形帯の方格には一字ずつ「吾作明竟、日月合萌。大吉羊。」とあり、外区には次の銘文がある。

惟此明鏡、幽湅三商。　惟《こ》れ此《こ》の明鏡《めいきょう》は、三商《さんしょう》を幽錬《ゆうれん》す。
本出呉郡、張氏元公。　本《もと》 呉郡《ごぐん》より出《い》でし、張氏《ちょうし》の元公《げんこう》は、
百湅千辟、分別文、　百《ひゃく》たび錬《ね》り千《せん》たび辟《のぞ》き、文《ぶん》（章《しょう》）を分別《ぶんべつ》す。
左龍右乕、招福除英。　左龍《さりゅう》と右虎《うこ》は、福《ふく》を招《まね》き殃《わざわい》を除《のぞ》く。
對距相鄉。　巨《きょ》に対《たい》し相《あい》い嚮《む》かう。
富貴番昌。吉羊。　富貴《ふうき》にして蕃昌《ばんしょう》ならん。吉祥《きっしょう》ならん。

起句から第三行の「百湅」まではB鏡を継承し、以下は「張氏元公」が新たに創作した銘文である。第四行の「左龍と右虎」は上段の左右にあらわされた龍と虎で、災いを退けて福を招くはたらきがあるという。第五行の「距」は天を支える柱で、「巨」と同音である。

つづいて「張氏元公」はそれを同向式のD鏡に改作した（図37上）。C鏡と同じように内区の神像は上段に伯牙、中段に西王母と東王公、下段に黄帝を配置するが、「巨」は下段から鉤形に屈折して西王母と東王公を載せ、両神の上下に配された四体の獣がそれを口に銜えている。獣の肩にのみ環状乳があるのは、B鏡のなごりである。また、伯牙と黄帝の左右には脇侍が加えられ、西王母と東王公は龍虎座に坐っている。龍虎座は三段式神仙鏡に由来し、図像構成も九子派から影響を受けた可能性が高い。径一三センチ、外区の銘文は次のとおり。

惟此明鏡、煥竝照明。　惟《こ》れ此《こ》の明鏡《めいきょう》は、煥《かが》やき並《なら》びに照明《しょうめい》なり。
本出呉郡、張氏元公。　本《もと》　呉郡《ごぐん》より出《い》でし、張氏《ちょうし》の元公《げんこう》は、
百湅千辟、分別文、　百《ひゃく》たび錬《ね》り千《せん》たび辟《のぞ》き、文《ぶん》(章《しょう》)を分別《ぶんべつ》す。
對巨相郷、朱鳥鳳皇。　巨《きょ》に対《たい》し相《あ》い嚮《む》かうは、朱鳥《しゅちょう》と鳳凰《ほうおう》なり。
男則封矦、女即侍王。　男《おとこ》は則《すなわ》ち侯《こう》に封《ほう》ぜられ、女《おんな》は即《すなわ》ち王《おう》に侍《じ》さん。
天神集會、祐父宜兄。　天神《てんじん》　集会《しゅうかい》し、父《ちち》を祐《たす》け兄《あに》に宜《よろ》し。

久服長飫、位至三公。　久《ひさ》しく服《ふく》し長《なが》く飫《やす》んじれば、位三公《くらいさんこう》に至《いた》らん。
曾年益壽、其命長。　年《とし》を増《ま》し寿《いのち》を益《ま》し、其《そ》の(師《し》の)命《いのち》は長《なが》からん。

鏡の輝きと明るさをうたう第一行下句をのぞけば、第三行まではC鏡を踏襲し、「文章」の「章」字が脱落していることも共通する。上述の「趙禹」八鳳鏡がこの銘文を借用していることも明らかである。また、半円方形帯の方格は四文字を入れるよう田字形に区画し、その四言の銘文は次のE鏡に継承されている。

湖南省衡陽《こうよう》市道子坪《どうしへい》で発掘された重列式神獣鏡(E鏡)は、径一四センチ、「張氏元公」晩年の作品であろう(図37下は湖北省鄂州市出土の類似鏡)。内区は「巨」で五段に分け、林巳奈夫の考証によれば、最上段に南天の老人星(南極老人《なんきょくろうじん》)と朱雀、第二段に伯牙、第三段に西王母と東王公、第四段に黄帝、最下段に北極の天皇大帝《てんこうたいてい》と玄武、左右両端に長大な青龍と白虎を配している。西王母と東王公には華蓋《かがい》が差しかけられ、伯牙には鍾子期、黄帝には人頭鳥身の神がともなっている。内区外周に半円方形帯がなく、外区には次のような銘文がある。

吾作明鏡、幽湅三商。　吾《わ》れ明鏡《めいきょう》を作《つく》るに、三商《さんしょう》を幽錬《ゆうれん》す。
周刻無祧、配象萬彊。　彫刻兆無《ちょうこくくぎりな》く、像《ぞう》を万彊《ばんきょう》に配《はい》す。
白牙奏樂、衆神見容。　伯牙《はくが》は楽《がく》を奏《そう》し、衆神《しゅうしん》容《すがた》を現《あら》わす。

天禽竝存、福祿氏從。
富貴安寧、子孫潘倡。
曾年益壽、其師命長。
惟此明竟、
千出吳郡、張氏元公。
千練百解、刊列文章。
四器竝。

天禽《てんきん》並存《へいぞん》し、福禄《ふくろく》是《こ》れ従《あつ》まらん。
富貴《ふうき》安寧《あんねい》にして、子孫《しそん》蕃昌《ばんしょう》せん。
年《とし》を増《ま》し寿《いのち》を益《ま》し、其《そ》の師《し》の命《いのち》は長《なが》からん。
惟《こ》れ此《こ》の明鏡《めいきょう》は、
呉郡《ごぐん》より遷《うつ》り出《い》でし、張氏《ちょうし》の元公《げんこう》は、
千《せん》たび錬《ね》り百《ひゃく》たび解《かい》し、文章《ぶんしょう》を刊《きざ》み列《なら》ぶ。
四気《しき》並《なら》ばん。

銘文は一人称の「吾作」ではじまり、第六行まではD鏡の方格銘を継承している。第二行以下は余すところなく図像を彫刻し、伯牙の奏でる音楽で神がみがあらわれ、四神など天の霊獣がともなうことによって、さまざまな幸福がもたらされるという。図像にあらわされた神がみの中で、西王母と東王公ではなく、伯牙が中心的な役割をはたしている。

第七行の「惟此明竟」からは「張氏元公」独特の銘文である。「本出」を「千(遷)出」、「百湅千辟」を「千練百解」に変えているが、意味は同じである。

以上のように「張氏元公」は、一貫して四言句を用いながら、銘文のスタイルを少しずつ改め、併行して図像を変化させていった。それは大きく次の三段階に分けられる。

第一段階は「呉郡胡陽」における環状乳神獣鏡(A鏡)の制作で、広漢派のモデルの忠実な模倣である。呉郡から転出した第二段階には、その改作にはじまり(B鏡)、三段式(C鏡)から同向式(D鏡)の神獣鏡を相次いで制作した。それは九子派の作例をモデルとしているが、西王母・東王公・伯牙・黄帝からなる図像構成は第一段階より一貫している。九子派の影響と洛陽から転入した「趙禹」に銘文が借用されていることから、その年代は一九〇年前後と考えられる。図像文様は精緻だが、面径は「九子」鏡より小さく、経済的に苦しかったのかもしれない。第三段階の重列式神獣鏡(E鏡)は、銘文では「伯牙」の比重が高まり、南極老人と天皇大帝の図像が加えられ、内区外周の半円方形帯が消失した。これは一九六年に「示氏《しし》」が創作した次の鏡をモデルにした可能性が高い。したがって「張氏元公」の作鏡活動は、およそ一八〇年代から一九〇年代におよんだと考えられよう。

「示氏」の重列式神獣鏡

一九六年に献帝は「建安《けんあん》」と改元し、曹操《そうそう》の招きに応じて洛陽から許《きょ》(河南省許昌市)に遷都した。広漢派の紀年鏡は一九〇年を最後に消失したが、一九六年以降、「示氏」重列式神獣鏡に建安年間の紀年鏡が多く出現する。それは内区を「巨」で五段に分けて神像を配置した新しい鏡で、従前の神獣鏡にみられた半円方形帯がなく、鈕の上下に「君宜官」などの短い銘文を配し、狭い外区に銘文帯をめぐらせている。

湖北省鄂州市から出土した建安元年(一九六)「示氏作」鏡は、内区の最上段と最下段に髭をたくわえた南極老人と天皇大帝が正坐し、第二段には伯牙と鍾子期があらわされているが、それ以外の神像はほとんど同じ表現である(図38上)。外区には次のような銘文がある。

建安元年五月廿四日、　建安元年《けんあんがんねん》五月二十四日《がつにじゅうよっか》に、
示氏作竟、幽湅宮商。　示氏《しし》鏡《かがみ》を作《つく》るに、宮《きゅう》・商《しょう》を幽錬《ゆうれん》す。
周亥容象、五帝天皇。　容像《ようぞう》を彫刻《ちょうこく》して、五帝《ごてい》・天皇《てんこう》あり。
白牙單琴、黄帝吉羊。　伯牙《はくが》は琴《きん》を弾《ひ》き、黄帝《こうてい》は吉祥《きっしょう》なり。
三公。　三公《さんこう》とならん。

作鏡者の「示氏」は、これが初出である。「宮商」とは、五行思想にいう五音の「宮・商」を五色の「黄・白」、すなわち原料の「銅・錫」の色にあてたもので、永康元年(一六七)環状乳神獣鏡(図32、一五三頁)の「幽湅黄白」と同義であり、本鏡ではさらに第四行の「黄帝」と「伯牙」に対応する。「伯牙弾琴」像は第二段の向かって左側にあり、「黄帝」は第四段左側の神像であろう。第三行の「天皇」は北極の天皇大帝、「五帝」は北極星に近い星座であり、そ

れ以外の神像にあてられる。以前の神獣鏡では西王母と東王公が代表的な神格であったのに対して、本鏡ではそのかわり「五帝・天皇」「白牙」「黄帝」が銘文にあげられ、少なくとも西王母らしい女性神像はあらわされていない。これが先行する神獣鏡と大きく異なる特徴であるが、この図像配置が晩年の「張氏元公」に影響を与えたことは上述した。

七年後に「示氏」は重列式神獣鏡を改作した。浙江省紹興出土と伝える建安七年鏡(図38下)は、径一四センチ、外区の銘文は次のようにいう。

吾作明竟、幽湅三商。　吾《わ》れ明鏡《めいきょう》を作《つく》るに、三商《さんしょう》を幽錬《ゆうれん》す。
周亥容象、五帝天皇。　容像《ようぞう》を彫刻《ちょうこく》して、五帝《ごてい》・天皇《てんこう》あり。
白牙單琴、黄帝除凶。　伯牙《はくが》は琴《きん》を弾《ひ》き、黄帝《こうてい》は凶《わざわい》を除《のぞ》く。
朱鳥玄武、白乕青龍。　朱鳥《しゅちょう》・玄武《げんぶ》あり、白虎《びゃっこ》・青龍《せいりゅう》あり。
君宜官位、位至三公。　君《きみ》官位《かんい》に宜《よろ》しく、位《くらい》は三公《さんこう》に至《いた》らん。
建安七年四月、　建安七年四月《けんあんしちねんしがつ》に、
示氏造作、大吉羊。　示氏《しし》造作《ぞうさく》するに、大《おお》いに吉祥《きっしょう》ならん。
子孫昌。　子孫《しそん》昌《さか》えん。

銘文は一人称の「吾作」ではじまり、作鏡の年月と作鏡者の名は後半に記している。建安元年

図 38 「示氏」重列式神獣鏡
上：建安元年(196)鏡 下：建安七年(202)鏡

鏡から大きく変化したのは、第四行に四神の「朱鳥・玄武、白虎・青龍」を加え、内区の左右両側に「青龍」と「白虎」、最上段に「朱鳥」、下から二段目に「玄武」を、鈕の左右に西王母と東王公を配置したことである。「示氏」が建安元年鏡の「五帝・天皇」「白牙」「黄帝」に陰陽二神の図像を加えたのは、「張氏元公」重列式神獣鏡の影響であろう。もっとも環状乳神獣鏡からの伝統を継承する「張氏元公」は、西王母と東王公に華蓋を差しかけて主神と位置づけたのに対して、北天の星座を中心とする宇宙観をもつ「示氏」は、すべての神像を同格にあつかった。重列式神獣鏡の出現段階には、この二形式が併行していたのである。

「示氏」は二〇五年まで一貫して重列式神獣鏡を制作しつづけた後、消息を絶つ。二一七年に会稽派が制作した重列式神獣鏡は、「示氏」の形式ではなく「張氏元公」の形式であった。一代かぎりで「示氏」は工房を閉じ、その伝統は継承されなかったのである。

画像鏡に神獣鏡を折衷した淮派

獣帯鏡や盤龍鏡を制作していた淮派は、二世紀になると、もっぱら画像鏡を制作するようになった。第五章にとりあげた「袁氏」工房では、その後、西王母・東王公と青龍・白虎からなる二神二獣鏡のほか、瑞獣と仙人をあらわした鏡など、各種の画像鏡を制作していた。そこに四川から神獣鏡の情報が伝わってきたのである。

世代交代していたが、「袁氏」工房ではみずからの画像鏡に同向式神獣鏡の要素を採り入れた鏡を試作した。早稲田大学所蔵の斜縁《しゃえん》神獣鏡は（図39上）、径一八センチ、西王母・東王公と青龍・白虎からなる図像構成と表現のほか、四つの乳、内区外周の銘帯、外区の鋸歯文と波状文、断面三角形状に尖る周縁などは画像鏡に由来するが、同向式の図像配置のほか、西王母と東王公に差しかけた華蓋、階段状に屈折する〝巨（維剛）〟を配したことは、同向式神獣鏡（図37上など）に由来する特徴である。その銘文は次のようにいう。

袁氏作竟《ママ》真大巧。　袁氏《えんし》 鏡《かがみ》を作《つく》るに、真《まこと》に大《おお》いに巧《たくみ》なり。
上有東父王西王母。　上《うえ》に東王父《とうおうふ》・西王母《せいおうぼ》 有《あ》り。
青龍在左白乕居右。　青龍《せいりゅう》は左《ひだり》に在《あ》り、白虎《びゃっこ》は右《みぎ》に居《お》る。
辟耶喜怒無央咎。　辟邪《へきじゃ》は喜怒《きど》し、殃咎《おうきゅう》 無《な》からん。
仙人王高《ママ》赤容子。　仙人《せんにん》の王《おう》(子《し》)喬《きょう》・赤松子《せきしょうし》あり。
千秋萬世生長。　千秋万世《せんしゅうばんせい》も生《いのち》は長《なが》からん。

これは「袁氏」工房が一連の画像鏡において常用した銘文のパターンである。第二・第三行は内区にあらわされた図像をいう。「西王母」と「東王父（銘文は「東父王」に書き誤る）」は鈕の左右に、「青龍」と「白虎」は鈕の上下に配置される。二神は陰陽を調え、二獣は天を守るはたらきをもつのであろう。第四・第五行の「辟邪は喜怒」や「仙人の王(子)喬・赤松子」は図像にあらわされていないから、永元三年(九一)「石氏作」鏡(図26下、一二五頁)など先行する画像鏡の銘文から借用した虚辞である。

この「袁氏」に近い鏡工に「銍《ちつ》(至)氏《し》」や「田氏《でんし》」があり、かれらを袁派と呼ぶことにしよう。そのうち「銍氏」は宋の銍邑《ちつゆう》(安徽省宿州)に由来し、「田氏」は戦国時代の斉王から分かれた支族であろう。鏡の出土地からみても、淮北に工房があった可能性が高い。

一方、「淮南龍氏」に近い淮派の鏡工に「劉氏《りゅうし》」があり、同じように各種の画像鏡を制作していた。奈良県天神山古墳から出土した「劉氏作」画像鏡は、径一七センチ、西王母・東王公と青龍・白虎からなる二神二獣の構成で、鈕に頭を向けた通例の配置である。龍と虎には仙人が騎乗し、神像の前には侍女がともない、「西王母」と「玉女」という榜題がある。それらは画像鏡の特徴であるが、神像表現は神獣鏡に近い。内区外周の銘文は次のようにいう。

劉氏作明竟、　　劉氏《りゅうし》 明鏡《めいきょう》を作《つく》るに、
自有善同出丹陽。　　自《おのず》から善《よ》き銅《どう》有《あ》り、丹陽《たんよう》に出《い》づ。
□師得同、合湅五金、　　(大)《だい》師《し》は銅《どう》を得《え》て、五金《ごきん》を合錬《ごうれん》す。

図 39　画像鏡と神獣鏡を折衷した二神二獣鏡
上：「袁氏作」斜縁神獣鏡
下：「劉氏作」銘帯神獣鏡

服者、敬奉臣良。　服《ふく》する者《もの》は、賢良《けんりょう》を敬《うやま》い奉《ほう》ぜん。

巧刻。　巧《たく》みに刻《きざ》む。

淮派の画像鏡は七言の銘文がふつうで、この第一・第二行は「劉氏作竟自有紀、漢有善同出丹陽」を改作したのであろう。第三行以下は四言を基本とし、「大師」は作鏡者の自称、「五金」は五行思想にもとづく五種の金属である。「臣」は「賢」の省略字。鏡の銘文では、このように字画を省略したり、装飾的に字画を加えたりすることが多い。「賢良」とは、官吏として推挙された地方の名士をいうが、黄巾の乱を主導した張角が「大賢良師《だいけんりょうし》」と自称したことからみれば、「敬奉賢良」は在地社会の指導者として賢者を敬う世相の反映であろう。

一方、和泉市久保惣《くぼそう》記念美術館蔵の「劉氏作」二神二獣鏡（図39下）は、径一二センチ、図像構成は前の「劉氏作」画像鏡と共通する。しかし、図像表現は前鏡より神獣鏡に近づき、西王母と東王公が龍虎座に坐る特徴は九子派の三段式神仙鏡や対置式神獣鏡に由来する。内区外周に半円方形帯があり、方格に一字ずつ次の銘文を入れる。

漢有善同出丹陽。　漢《かん》に善《よ》き銅《どう》有《あ》り、丹陽《たんよう》に出《い》づ。

大師得同、合湅五金成。　大師《だいし》は銅《どう》を得《え》て、五金《ごきん》を合錬《ごうれん》して成《な》る。

前鏡の銘文の第二～第三行と共通する。一段高くなった外区には銘帯と菱雲文帯《りょううんもん》がめぐり、この文様は広漢派の環状乳神獣鏡に由来する。このように本鏡の図像文様は、画像鏡の主文構成に各種の神獣鏡の要素を寄せ集めて完成されている。外区の銘文は次のとおり。

劉氏作明竟、幽湅三商。　劉氏《りゅうし》明鏡《めいきょう》を作《つく》るに、三商《さんしょう》を幽錬《ゆうれん》す。
調刻無祧、配像萬彊。　彫刻《ちょうこく》兆《くぎり》無《な》く、像《ぞう》を万彊《ばんきょう》に配《はい》す。
天禽四守、銜持維剛。　天禽《てんきん》・四獣《しじゅう》あり、維剛《いごう》を銜持《かんじ》す。
大吉、其師命長。　大《おお》いに吉《きち》にして、其《そ》の師《し》の命《いのち》は長《なが》からん。
服者、敬奉賢良。　服《ふく》する者《もの》は、賢良《けんりょう》を敬《うやま》い奉《ほう》ぜん。
曾年益壽、富貴。　年《とし》を増《ま》し寿《いのち》を益《ま》し、富貴《ふうき》ならん。

広漢派の神獣鏡にはじまる四言句を基本とするが、起句は「劉氏作鏡」とするべきところを、前鏡と同じように「明」字を加えて五字にしている。「劉氏」は音のリズムを崩してまで「明鏡」にこだわったのである。第二行は図像を余すところなく彫刻したことをいう。「守」は「獣」の仮借で、「天禽」と「四獣」は天を守る禽獣、「維剛」は天を支える柱の〝巨〟であり、銘文は禽獣がそれを銜《くわ》えているという。ただし、本鏡には龍と虎だけで、「維剛」の表現はない。第五・第六行は「服者」と「富貴」の間に「敬奉賢良。曾年益壽」の二句を挿入している。前鏡にも「服者、敬奉賢良」がそのまま用いられているから、不注意による錯簡ではなく、

「劉氏」による有意の語順であったと考えられる。

「劉氏」はもともと七言の銘文をもつ画像鏡を制作していたが、そこに四川から神獣鏡のデザインと四言の銘文が伝わり、自己流にアレンジして神獣鏡を模作すると同時に、その要素を採り入れた画像鏡を制作したのであろう。「劉氏」に近い鏡工に「淮南龍氏」や「蔡氏《さいし》」があり、淮南に工房が所在したと考えられる。「蔡氏」も寿県(安徽省)を拠点とする蔡氏の家系かもしれない。このような「劉氏」に近い鏡工を劉派と呼ぶことにしよう。

「劉氏作」同向式神獣鏡

まもなく「劉氏」は同向式神獣鏡を創作する。江蘇省徐州市の個人旧蔵鏡(図40上)は、径一八センチ、内区に西王母・東王公・伯牙・黄帝の四神と乳をとりまく四獣をあらわし、内区外周に半円方形帯、外区に画文帯と菱雲文帯をめぐらせている。「張氏元公」同向式神獣鏡(図37上)と同じ神像構成であるが、乳を配したのは画像鏡のなごりであろう。西王母と東王公の坐る龍虎座も前の「劉氏作」二神二獣鏡を継承した要素であり、同一工房で連続して制作された可能性が高い。田字形に区画した方格には、次のような四言の銘文を入れる。

劉氏作鏡、幽湅三商。　劉氏《りゅうし》鏡《かがみ》を作《つく》るに、三商《さんしょう》を幽錬《ゆうれん》す。

雕刻無祧、配像萬疆。　彫刻《ちょうこく》兆《くぎり》無《な》く、像《ぞう》を万疆《ばんきょう》に配《はい》す。
白牙鼓琴、鍾子聽其、期子唫、　伯牙《はくが》琴《きん》を鼓《つまび》き、鍾子期《しょうしき》聴《き》き、箕子《きし》吟《うた》う。
天禽四首、銜持維剛。　天禽《てんきん》・四獣《しじゅう》あり、維剛《いごう》を銜持《かんじ》す。
邊太乙、乘雲駕龍。　辺《へん》に太乙《たいいつ》あり、雲《くも》に乗《の》り龍《りゅう》に駕《が》す。
選從羣神、五帝三皇。　群神《ぐんしん》を選《えら》び従《したが》う、五帝《ごてい》・三皇《さんこう》あり。
誅討鬼凶。吉利。　鬼凶《ききょう》を誅討《ちゅうとう》す。吉《きち》にして利《よろ》し。

第一・第二・第四行は前鏡とほぼ同じ。第三行には脱字があり、語順が乱れているが、鈕の上にあらわされた三人の図像をいう。中央が琴を弾く「伯牙」、右が袖で涙をぬぐう「鍾子期」で、左の人物は「伯牙」の師である成連《せいれん》先生とされていたが、両手を前に歌うようなしぐさで、この銘文によって「箕子《きし》」に比定できる。

箕子は殷の王族で、紂王《ちゅうおう》を諫めても聞き入れられず、つくった琴曲が「箕子操《きしそう》」または「箕《き》子《し》吟《ぎん》」とされる(『史記』宋微子世家)。これは第五章にみた「袁氏作」画像鏡(図28下、一三三頁)の「伯牙　瑟を鼓き、(鍾)子期　吟ず」を改変した銘文であり、内区にあらわされた神がみの中で、伯牙たちだけが中心的な役割をはたしている。

第五・第六行は画文帯の説明で、「辺」とは外区を意味し、「龍」の牽引する「雲」車に天帝の「太乙(太一)」が乗り、「群神」より選ばれた「五帝・三皇」がしたがっているという。第五行の上句は脱字があり、「邊則太乙」が本来の形である。

これに類似するのが奈良県ホケノ山古墳出土の「吾作」同向式神獣鏡である。径一九センチ、四つの乳に獣がとりまき、西王母と東王公が龍虎座に坐るなど、「劉氏作」鏡とほぼ同じ図像文様をもち、表現も精緻である。おそらく劉派が同時期に制作したものであろう。

斜縁神獣鏡の成立

江南の神獣鏡には画像鏡の影響がほとんどみられないのに対して、淮派では画像鏡の伝統が根強く、画像鏡と神獣鏡とを折衷する手法がとられた。しかし工房ごとに対応が異なり、劉派は画文帯神獣鏡の制作へと進んだのに対して、袁派は斜縁神獣鏡へと傾斜していった。三世紀の三角縁神獣鏡は、多くが後者の延長線上に位置している。

斜縁神獣鏡は、折衷の手法やモデルのちがいによって、いくつかの型式に分けられる。代表的な型式は、画像鏡に由来する二神二獣の主文構成で、表現は画像鏡よりも神獣鏡に近似し、四つの乳をもち、外区は鋸歯文と波状文からなっている。径一五〜一七センチ、中国での発見は少ないが、楽浪郡の所在したピョンヤン周辺と日本列島から五〇面ほど出土している。

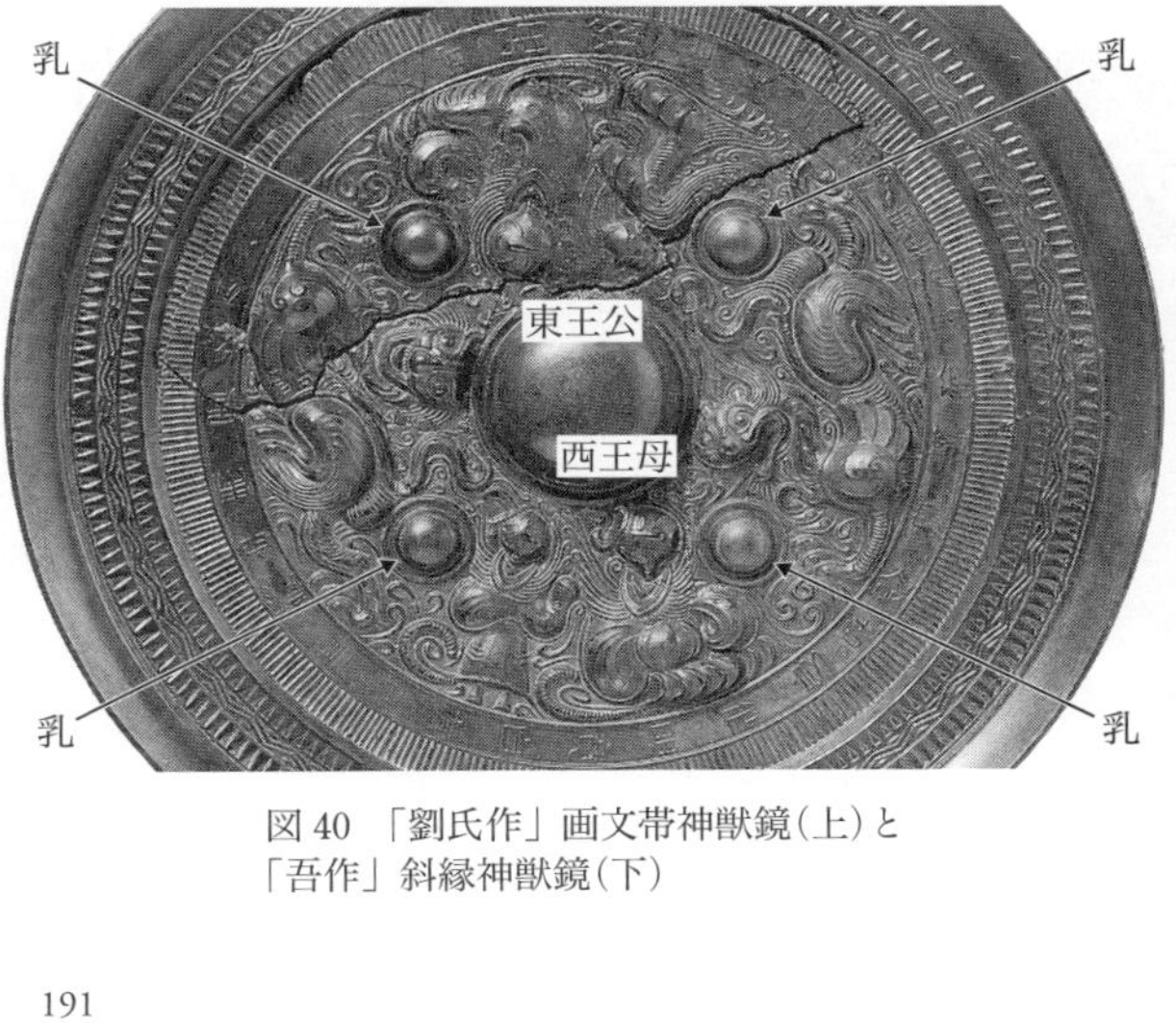

図 40　「劉氏作」画文帯神獣鏡(上)と
「吾作」斜縁神獣鏡(下)

斜縁神獣鏡の銘文には、画像鏡に由来する七言句と神獣鏡に由来する四言句の二種類がある。まず画像鏡に由来する七言の銘文として大阪府安満《あま》宮山古墳の例をみよう（図40下）。

吾作明竟自有己。　吾《わ》れ明鏡《めいきょう》を作《つく》るに、自《おのず》から紀《のり》有《あ》り。
青龍白乕居左有。　青龍《せいりゅう》と白虎《びゃっこ》は左右《さゆう》に居《お》る。
令人長命冝子孫、　人《ひと》をして長命《ちょうめい》ならしめ、子孫《しそん》に宜《よろ》し。
作吏高遷車生熒耳。　吏《り》と作《な》れば高遷《こうせん》し、車《くるま》は熒耳《けいじ》を生《しょう》ぜん。
作師長命吉。　師《し》と作《な》れば長命《ちょうめい》にして吉《きち》ならん。

末句の「作師長命」は「其師命長」の改変で、「作吏高遷」と対句になっている。それ以外は淮派が画像鏡に用いていた慣用句である。

第四行の「熒」は光り輝くという意味で、「車生熒耳」は泥よけ（耳）のある馬車に乗るほど出世することをいう。馬車はステータス・シンボルであり、高位の文官は青い耳、武官は赤い耳の馬車に乗った。鏡の効力によって出世することが祈願されたのである。

神獣鏡に由来する四言の銘文として奈良県古市《ふるいち》方形墳の例をあげておこう。

吾作明竟、幽練三商。　吾《わ》れ明鏡《めいきょう》を作《つく》るに、三商《さんしょう》を幽錬《ゆうれん》す。
□□序道、配象萬疆。　（徳《とく》を統《す》べ）道《みち》を序《つい》づり、像《ぞう》を万疆《ばんきょう》に配《はい》す。

曾年益壽、子孫番昌。　年《とし》を増《ま》し寿《いのち》を益《ま》し、子孫《しそん》蕃昌《ばんしょう》せん。
功成事見、其師命長。　功《こう》成《な》り、事《こと》現《あら》われ、其《そ》の師《し》の命《いのち》は長《なが》からん。

広漢派にはじまる慣用句が多いが、「統徳序道」は徳をもって道を定めること、「功成事見」は功績がひろく評価されることをいう。「道」と「徳」を説く思想は『老子』との関連がうかがえるものの、功名心をあおる「功成事見」という銘文は、『老子』運夷《うんい》の「功成り、名遂げて、身退くは、天の道なり」という隠遁の思想とは相反している。

斜縁神獣鏡の銘文は、ほとんどが「吾作」ではじまるが、大阪府和泉黄金塚《いずみこがねづか》古墳の例は「周是作」、ピョンヤン市貞梧洞一二号墓の例は「青盖作」であり、いずれも淮派に伝統的な七言句を用いている。その「周氏」は呉派の「呉何陽周氏」とは別系統の工房であろう。

日本にもたらされた徐州系の鏡

淮派の流れを引く袁派と劉派の鏡について、かつてわたしは徐州系の鏡と位置づけた。徐州は山東省南部から長江北岸にいたる沿海岸地域で、袁派は徐州北部の淮北《わいほく》に、劉派は徐州中部の淮南に拠点があったと考えられる。かれらが新しい神獣鏡の制作に取り組んだのは、江南の九子派や「張氏元公」らとほぼ同時期で、一八〇～一九〇年代に位置づけられる。

黄巾の乱が終息した後、徐州はしばらく豊作がつづき、長安などから流民が押し寄せるほどであった。しかし、一九三年に曹操が徐州北部に進攻し、殺戮をくりかえしたため、男女数十万人や家畜の死体で泗水《しすい》(淮河支流)の流れが堰《せ》き止められたという(『後漢書』陶謙《とうけん》伝)。一九七年、曹操はさらに南下して淮南の袁術《えんじゅつ》と戦い、長年の戦乱と旱魃による飢饉のため、徐州南部の人びとは互いに食い合って人影もまばらになったと伝えられる。

その後、二〇〇年にいたり、曹操は官渡《かんと》の戦いで袁紹《えんしょう》を破って形勢を有利にみちびくと、徐州の秩序はしだいに回復していった。

一方、遼東《りょうとう》太守の公孫度《こうそんたく》は、後漢末期の動乱に乗じて遼東に自立し、海峡をこえて山東半島にも勢力をひろげた。三世紀はじめには、子の公孫康《こう》が朝鮮半島に進攻して楽浪郡の南に帯方《たいほう》郡を新設すると、「これより後、倭と韓は遂に帯方に属す」(『魏志』韓伝)という。このころ倭では、長年にわたる内乱が終息し、邪馬台国の卑弥呼を王とする政権が誕生しており(『魏志』倭人伝)、帯方郡を通じて公孫氏との交流がはじまったのである。

いまみた徐州系の鏡は、楽浪・帯方郡の所在した朝鮮半島北西部と日本列島から多く出土している。なかでも畿内にそれが集中していることから、三世紀の三角縁神獣鏡に先だって、卑弥呼をいただく邪馬台国が公孫氏を通じて独占的に鏡を入手していた可能性が高い。

第八章　政治に利用された鏡
──「銅鏡百枚」の謎を解く

会稽派の出現

紹興酒の産地として知られる浙江省紹興は、越の旧都で、漢代には会稽山北麓の山陰県に会稽郡の治所が置かれた。二〇世紀になって紹興一帯からおびただしい数の画像鏡が出土し、梅原末治の『紹興古鏡聚英《しゅうえい》』(一九三九年)や王士倫《おうしりん》の『浙江出土銅鏡選集』(一九五七年)などにより、〝紹興鏡〟として斯界の注目を集めることになった。

しかし、そこで発見される画像鏡や盤龍鏡の多くは一〜二世紀の呉派や淮派の作品であり、確実に紹興で制作された鏡が出現するのは三世紀になってからである。初期の代表的な鏡工には蔭氏《いんし》・鮑氏《ほうし》・陳氏《ちんし》の三氏があり、かれらを会稽派と呼ぶ。その神獣鏡は外区に長い銘文があり、作鏡の年月日を仔細に記したほか、「師」を自称して姓と名を表示することが多い。

会稽派の神獣鏡には対置式・同向式・重列式の三種がある。いずれも一九〇年代の呉派の作例を模倣し、対置式神獣鏡は九子派の鏡(図34下、一六三頁)、重列式神獣鏡は「張氏元公」鏡(図37下、一七一頁)をモデルとしている。図像はほとんど模倣であり、西王母と東王公とが区別できないほど崩れているが、銘文には卓越した独創性を発揮した。

二二一年に「師蔭豫《しいんよ》」が制作した同向式神獣鏡(湖北省鄂州市五里墩《ごりとん》一四号墓出土)は、径一三センチ、外区には次の銘文がある(図41上)。

黄初二年十一月丁卯朔廿七日癸巳、
揚州會稽山陰師蔭豫所作鏡、
大六寸清明。
服者高遠、秩公美、
宜侯王、子孫潘昌。

黄初二《こうしょに》年《ねん》の十一月《じゅういちがつ》丁卯朔《ていぼうさく》の二十七日《にじゅうしちにち》癸巳《きし》に、
揚州《ようしゅう》は会稽山陰《かいけいさんいん》の師蔭豫《しいんよ》が作《つく》る所《ところ》の鏡《かがみ》は、
大《おお》きさ六寸《ろくすん》にして清明《せいめい》なり。
服《ふく》する者《もの》は高遠《こうえん》し、秩《ちつ》は公《こう》の美《よ》きところになり、
侯王《こうおう》に宜《よろ》しく、子孫蕃昌《しそんばんしょう》せん。

作鏡者は会稽郡山陰県の出身で、姓は「蔭」、名は「豫」である。「黄初」は魏文帝の年号。二二〇年正月に曹操が没し、同年一〇月、子の曹丕《そうひ》は漢の献帝から帝位を禅譲されて魏を建国(文帝、在位二二〇~二二六)、「黄初」と改元した。その年号は五行相生説にもとづいて火徳(=赤)の漢にかわる土徳(=黄)の王朝のはじまりを意味する。

魏の建国をうけて呉の孫権は魏に臣従の使いを送り、二二一年一一月に文帝より呉王に封じ

られた。本鏡はちょうど呉王冊封《さくほう》の年につくられ、呉が独自の年号「黄武《こうぶ》」を用いるのは翌年一〇月からであるため、会稽派の鏡工は孫権の支配下にありながら魏の年号を用いたのである。

「十一月丁卯朔廿七日癸巳」は、六十干支で一一月朔日《ついたち》が「丁卯」、二七日が「癸巳」にあたることをいう。これはともに実際の暦に合致する。朔日と制作の日付に干支を加えたのは、そ

図41　黄初二年(221)同向式神獣鏡
上：「蔭豫所作」鏡
下：「武昌所作」鏡

れが鏡の性質に好ましいと考えられたからであろう。後漢の紀年鏡には陽気最大となる「五月丙午」や「正月丙午」が多く用いられたが、会稽派は日付と干支の組み合わせを複雑にし、鏡の神秘性をいっそう高めたのである。第三行の「大六寸」は鏡の大きさで、およそ一四センチになるから、実際の面径に近い。第四行以下は吉祥句である。

この四年前に同じ「師蔭豫」が制作した重列式神獣鏡には、鋳造の年月日と時間を「建安廿二年十月辛卯朔四日甲午、太歳在丁酉、時加未」と記している。「太歳」は一二年周期で天をめぐる木星にちなむ別名で、この年の干支が「丁酉《ていゆう》」、作鏡の「時」が「未《ひつじ》」の刻(午後一~三時)にあたるという。鏡の鋳造において太陽が照り輝く時間帯が好ましいと考えられたのである。後漢鏡には「五月丙午の日《ひる》」というおおまかな鋳造の時間帯が用いられていたが、会稽派は一日を二時間ずつ刻む十二時辰を用いたのである。

武昌への移住

二一九年、孫権は長江中流域の荊州を劉備から奪い取った。これによって孫権と劉備の同盟関係は破綻し、三国鼎立の形勢がほぼ定まった。二二〇年に曹丕が魏を建て、翌年四月に劉備がつづいて蜀を建国したことから、同年八月、孫権は荊州への途上にある鄂《がく》(湖北省鄂州市)に都を移して武昌《ぶしょう》と名づけ、城郭を築いた。孫権はこのとき魏に臣従しているから、荊州を防衛し、蜀に対抗する戦略の一環として武昌に都城を造営したのであろう。

「師蔭豫」の数年後に登場した「鮑唐《ほうとう》」も「会稽山陰」の出身である。浙江省衢州《くしゅう》市から出土した黄武五年(二二六)重列式神獣鏡は、径一六センチ、外区の銘文の前半は次のとおり。

黄武五年太歳在丙午、
五月辛未朔七日、
天下太平、呉國孫王治□□、
太師鮑唐而作五□明鏡、

黄武《こうぶ》五年《ごねん》、太歳《たいさい》は丙午《へいご》に在《あ》りて、
五月辛未朔《ごがつしんびさく》の七日《なぬか》、
天下太平《てんかたいへい》にして、呉国《ごこく》の孫王《そんおう》は□□を治《おさ》める。
太師《たいし》鮑唐《ほうとう》のよく作《つく》る五《ご》(帝《てい》)明鏡《めいきょう》は、(以下略)

前年一〇月に魏の文帝は南征して長江北岸にまで攻め込んだが、大寒で渡江できず、この年の正月に洛陽に戻り、病をえて五月一七日に崩じた。その一〇日前につくられた本鏡は、魏軍の退却によって平和が訪れ、孫権の統治をたたえるために制作されたのであろう。作鏡者の「鮑唐」は「太師」を自称し、重列式の本鏡を「五帝明鏡」と名づけたのである。

翌年(二二七)に「鮑唐」の制作した重列式神獣鏡が湖北省鄂州市で発掘されている。径一三センチ、外区には次の銘文がある。

黄武六年十一月丁巳朔七日丙辰、

黄武《こうぶ》六年十《ろくねんじゅう》一月丁巳《いちがつていし》朔《さく》の七日《なぬか》丙辰《へいしん》、

會稽山陰作師鮑唐竟照明。　会稽山陰《かいけいさんいん》の作師《さくし》 鮑唐《ほうとう》の鏡《かがみ》は照明《しょうめい》なり。
服者也冝子孫、　服《ふく》する者《もの》は子孫《しそん》に宜《よろ》しく、
陽遂富貴老壽、　陽《よう》 遂《と》げて富貴《ふうき》にして老寿《ろうじゅ》とならん。
𦣝先牛羊馬、　千《せん》の牛《うし》・羊《ひつじ》・馬《うま》を頤《やしな》い、
家在武昌思其少、　家《いえ》は武昌《ぶしょう》に在《あ》りて、思《おも》うこと其《そ》れ少《すく》なからん。
天下命吉、服吾王、千昔□□。　天下《てんか》の命《めい》は吉《きち》、吾《わ》が王《おう》に服《ふく》し、千昔□□。

第二行に「鮑唐」は「会稽山陰」の出自というが、第六行では「武昌」に居住し、平和な暮らしを嘉している。前鏡は浙江の出土であるから、「鮑唐」は「会稽山陰」で前鏡を制作した後に「武昌」に移住し、本鏡を制作したのであろう。最後の行には未読字があるが、中国社会科学院考古研究所の王仲殊《おうちゅうしゅ》は「我が王の盛世、命運は大吉、天下帰服す」と解釈する。これも孫権の統治をたたえた鏡だというのである。

「武昌」での鏡生産は、建都とほぼ同時にはじまったようである。京都の泉屋博古館《せんおくはっこかん》に所蔵する黄初二年(二二一)同向式神獣鏡は、径一二センチ、外区に次の銘文がある(図41下)。

黄初二年、武昌所作明鏡、　黄初二年《こうしょにねん》、武昌《ぶしょう》に作《つく》る所《ところ》の明鏡《めいきょう》は、
玄湅章、乃而清明吉羊兮。　(三)《さん》章《しょう》を玄錬《げんれん》するに、乃《すなわ》ちよく清明《せいめい》にして吉祥《きっしょう》ならん。

作鏡者は記されていないが、「武昌」建都の二二一年に制作されている。第二行の「玄湅章」は「鮑唐」や「鮑豫」の鏡に、「乃而清明」は「蔭豫」の鏡に用いられた特徴的な語であり、図像表現の類似性からみても、本鏡は会稽派の鏡工が制作したものであろう。

このように「武昌」での鏡生産は「会稽山陰」から移住してきた鏡工が深く関係していた。近くに銅緑山《どうりょくさん》という銅の一大産地があり、鏡の鋳造に有利な条件が整っていたとはいえ、会稽派の鏡工が故郷から遠く離れた都に工房を移したのは、おそらく孫権の政治的な要請があったからだろう。とくに「鮑唐」鏡の銘文に孫権をたたえる語があることから、呉の政権と鏡工との強い結びつきがうかがえる。

将兵の用いた鏡

政権と鏡との関係で注意されるのは、鈕や周縁などに所有者の名をタガネで刻んだ鏡が散見することである。たとえば、上述の黄初二年(二二一)鏡の鈕には「上大将軍校尉李周《りしゅう》竟」という九字が刻まれている(図41上)。王仲殊が考証したように、「上大将軍」とは二二九年に呉の上大将軍に任命された陸遜《りくそん》で、「李周」はその配下にあった「校尉」という武官である。

また、天理参考館の鏡は周縁に「将軍孫怡《そんい》士張平《ちょうへい》竟七寸」と刻んでいる。「将軍孫怡」は二三九年に遼東に派遣された呉の将軍で、「張平」はその兵士であり、鏡の径が一六センチあまりという。このほか和泉市久保惣記念美術館の黄武六年(二二七)鏡は鈕に「呉将軍士張興竟《ちょうこう》」、鄂州市西山出土鏡は鈕に「陸凱《りくがい》士李□」と刻み、「陸凱」は孫権のもとで活躍した武将である。

所有者の名を刻んだ鏡は、二二〇〜二三〇年代の呉鏡がほとんどで、ほかの時代や地域には例が少ない。しかも鏡の所有者には「王府吏《おうふり》 李翕《りきゅう》」などの官吏がみいだせるものの、「校尉」や「士」という将兵が多く、所属の将軍名を冠しているのが特徴である。自宅で用いる鏡に名を刻む必要はなく、軍隊の中で同僚たちの鏡とまちがわないようにするため名を刻んだとしても、かれらは戦場に鏡を携帯して身だしなみを整える余裕と必要性があったのだろうか。

呉後期に下るが、浙江省金華市出土の永安七年(二六四)対置式神獣鏡には、将軍を作鏡者とする銘文がある。その上二行には、

永安七年九月三日、
将軍楊勲所作鏡、百湅精銅。

永安七年《えいあんしちねん》九月三日《くがつみっか》、
将軍楊勲《しょうぐんようくん》の作《つく》る所《ところ》の鏡《かがみ》は、精銅《せいどう》を百錬《ひゃくれん》す。

とある。「将軍楊勲」は史書にみえないが、もとより鏡工ではなく、本鏡の発注者であろう。これは銘文に発注者を記した唯一の呉鏡だが、軍事と鏡との関係が強くうかがえる。

呉の建国をたたえる鏡

漢の献帝から天子の位を禅譲された魏の曹丕と漢室の末裔である蜀の劉備とは、それぞれに立国の大義名分があった。これに対して武力でのしあがった呉の孫権は、正統性の根拠が乏しく、二二一年、やむなく魏に臣従することになった。翌年に魏との関係が悪化したため、群臣が天命や符瑞を根拠に即位を勧めたものの、孫権は「黄武」という元号を定めただけで、帝位に即くことは自重せざるをえなかった。二二九年四月、黄龍《こうりゅう》と鳳凰が出現したという報告をうけて、孫権はようやく即位して「黄龍」と改元し（太祖、在位二二九〜二五二）、同年九月には都を建業《けんぎょう》（江蘇省南京市）に移した。

二五二年、半世紀にわたって君臨してきた孫権が崩じ、末子の孫亮《そんりょう》が一一歳で即位すると、呉政権はにわかに不安定となる。孫亮は二五六年正月に孫権をまつる太祖廟を建造して政権の正統性をアピールし、同年一〇月に「太平《たいへい》」と改元した。この年に制作された対置式神獣鏡は、径一二センチ、外区に次の銘文がある。

君作、太平元年、　君《きみ》作《つく》るに、太平元年《たいへいがんねん》の、
五月丙午、時茄日中。　五月丙午《ごがつへいご》の、時《とき》は日《ひ》の中《ちゅう》するに加《あ》たる。
乾巛合化、帝道始興。　乾坤《けんこん》化《か》を合《あ》わせ、帝道《ていどう》始《はじ》めて興《おこ》る。

造作明竟、百湅正銅。　明鏡《めいきょう》を造作《ぞうさく》するに、正銅《せいどう》を百錬《ひゃくれん》す。
上應星宿、下辟不祥。　上《かみ》は星宿《せいしゅく》に応《おう》じ、下《しも》は不祥《ふしょう》を辟《しりぞ》く。
服者老壽、長樂未英。　服《ふく》する者《もの》は老寿《ろうじゅ》にして、長《なが》き楽《たの》しみ未《いま》だ央《つ》きず。
三公九卿、五馬千羊。　三公《さんこう》・九卿《きゅうけい》となり、五《ご》ひきの馬《うま》と千《せん》びきの羊《ひつじ》あらん。

文頭の「君作」は異例である。「太平」への改元は一〇月であるから、第二行の「五月丙午」以下は鏡の鋳造に好ましい夏日と真昼の時間帯をいう虚辞である。第三行の「巛」は「坤」の古字。呉の建国によって天地陰陽の気が統合され、理想的な帝王の政治が開かれたことを宣揚している。典雅で荘重な四言句を用いて孫権の帝業をたたえ、天命をもとに呉政権の正統性を唱えた祝詞である。このことからみると、文頭の「君」とは呉帝の孫亮であり、本鏡は政権の要請によって太祖廟の建設と一連の事業として制作された可能性が高い。

第四行はくりかえし精錬した純正な銅を用いて本鏡を鋳造したことをいう。ふつう「吾作明竟」とあるのを、文頭を「君作」としたため、ここでは主語を省略して「造作明竟」に改めている。第五行以下は本鏡の効能書きで、本鏡を所持すれば、天体の運行に順応し、不祥を退け、長寿で安楽な暮らしがつづき、三公・九卿の身分にまで出世し、多数の馬や羊を飼育する荘園が手に入るという。荘園領主になることが、中世の人びとの願望であった。

実在しない年号の鏡

はげしい実権争いの末に、孫亮は二五八年に退位をせまられ、かわって即位した孫休も二六四年に崩じて孫権の孫の孫皓《そんこう》が即位した。その前年に魏は蜀を滅ぼし、翌二六五年には魏が滅んで西晋《せいしん》が成立しており、呉をめぐる情勢は風雲急を告げていた。

早稲田大学の會津八一《あいずやいち》記念博物館に「嘉興《かこう》元年」銘の対置式神獣鏡がある(図42上)。径一五センチ、その図像文様は会稽派の呉鏡にならったものであるが、「嘉興」という年号は五胡十六国の一つで甘粛省《かんしゅく》西部に勢力をもつ西涼《せいりょう》の李歆《りきん》が四一七年に即位改元したときだけである。このような神獣鏡が五世紀に北西の辺境で鋳造されたとは考えがたく、王仲殊はこれを孫皓がつくらせた呉の鏡だと考証した。

すなわち、孫皓の父の孫和《そんか》は孫権の第三子で皇太子となったが、孫権の後嗣をめぐる争いの中で廃立され、孫亮のときに自殺を命じられた。孫皓が即位したとき、亡父の孫和に文皇帝を追諡《ついし》し、孫和のために直属の官僚機構が整備された嘉禾《かか》六年(二三七)を「嘉興元年」と改めて鏡の銘文に記したというのである。「嘉禾」を「嘉興」に改めたのは孫和の「和《か》」と同音の「禾《か》」を避けたからである。この説にしたがえば、孫皓が孫和の名誉回復をはかり、みずからの正統性を唱えるために「嘉興元年」鏡を制作したことになる。その銘文は次のとおり。

嘉興元年、歳在大陽。　嘉興元年《かこうがんねん》、歳《さい》は太陽《たいよう》に在《あ》り。
乾巛合化、王道始平。　乾坤《けんこん》 化《か》を合《あ》わせ、王道《おうどう》 始《はじ》めて平《たい》らかなり。
五月丙午、時加日中。　五月丙午《ごがつへいご》の、時《とき》は日《ひ》の中《ちゅう》するに加《あ》たる。
制作竟、百湅清銅。　(明)鏡《めいきょう》を制作《せいさく》するに、清銅《せいどう》を百錬《ひゃくれん》す。
服者萬年、位至矦王。　服《ふく》する者《もの》は万年《まんねん》となり、位《くらい》は侯王《こうおう》に至《いた》らん。
辟不羊。　不祥《ふしょう》を辟《しりぞ》けん。

典雅で荘重な四言の銘文で、「太平元年」鏡にならい、天命をもとに呉政権の正統性を唱えている。「歳在大陽」とは、陽気最盛の年にあるという意味である。

王仲殊説の発表後、新たに鄂州市で「嘉興元年」鏡が収集されたことにより、それが呉鏡である蓋然性はさらに高まった。しかも、その銘文は「嘉興元年《かこうがんねん》、大歳《たいさい》は丁巳《ていし》に在《あ》り」ではじまり、「嘉興元年」とされる嘉禾六年の干支はちょうどその「丁巳」にあたっている。

追頌の鏡

鄂州市西山セメント廠七九号墓から出土した「黄龍元年」対置式神獣鏡は、径一三センチ、

図 42　追頌の対置式神獣鏡
上：「嘉興元年」鏡
下：「黄龍元年」鏡

興味深いことに、この「嘉興元年」鏡と酷似した銘文がある（図42下）。

黄龍元年大歳在丁巳、
乾巛合化、帝道始平。
五月丙午、時茄日中。
造作明竟、百湅清銅。
服者萬年、位至三公。
辟除不祥。

黄龍元年《こうりゅうがんねん》、大歳《たいさい》は丁巳《ていし》に在《あ》り。
乾坤《けんこん》 化《か》を合《あ》わせ、帝道《ていどう》 始《はじ》めて平《たい》らかなり。
五月丙午《ごがつへいご》の、時《とき》は日《ひ》の中《ちゅう》するに加《あ》たる。
明鏡《めいきょう》を造作《ぞうさく》するに、清銅《せいどう》を百錬《ひゃくれん》す。
服《ふく》する者《もの》は万年《まんねん》となり、位《くらい》は三公《さんこう》に至《いた》らん。
不祥《ふしょう》を辟除《へきじょ》せん。

従来この鏡は紀年のとおり二二九年の制作とみなされてきたが、黄龍元年は孫権が帝位に即き、「帝道 始めて平らか」になった建国の年である。また、黄龍元年の干支は己酉《きゆう》で、五月朔日は癸丑《きちゅう》であるから、本鏡の「丁巳」と「五月丙午」は虚辞である。したがって、これは「嘉興元年」を「黄龍元年」に置き換えた銘文であり、王朝の創業を追頌し、その正統性を唱えるために孫皓が本鏡を制作したものと考えられる。

かつて漢王朝を簒奪した王莽は、増大しつつある儒家官僚とその家族を主なターゲットに、みずから「王氏作」鏡をつくり、その政策と功績を銘文に宣揚した。三世紀の呉になると、将兵の間にも鏡がひろく流通したから、銘文に王権の正統性を唱え、あわせて服鏡者の幸福を予言することによって、政権は鏡をプロパガンダとして利用しようとしたのではなかろうか。とりわけ実在しない「嘉興元年」という年号は、鏡のほかに用いられていないことから、逆に鏡が唯一のメディアとして孫皓政権に重視されていたことがうかがえる。

魏や蜀と比べて呉は王権の正統性の根拠に乏しく、天命や瑞祥という神秘性をもとに大義名分を唱えざるをえなかった。漢末に登場した会稽派の鏡工は、日付と干支に呪術性を付与し、鏡を用いた神仙術をあみだそうとしていた。かれらを新都の武昌に招き寄せ、孫権をたたえる銘文を刻ませたのも、呉政権が鏡を政治的に利用しようとしていたからであろう。

二八〇年、孫皓は西晋に降伏し、呉は滅亡した。その翌年につくられた太康《たいこう》二年（二八一）対置式神獣鏡には「呉郡の工　清羊《せいしょう》の造作の鏡」という銘文があり、呉郡の「清羊（＝青羊）」工房が西晋の年号鏡を制作したことがわかる。呉から西晋へと政権が比較的平穏に移行したため、江南での鏡制作はそのまま継続したのであろう。しかし、もはや鏡が政治的に利用されることはなく、江南における鏡制作は政権の後ろ盾を失い、急速に衰退していった。

洛陽の後漢鏡

一世紀後半に淮派や呉派が相次いで成立し、淮河から長江下流域での鏡生産は二世紀代を通じて活況を呈していたが、一方の黄河流域での鏡生産はどのようであったのだろうか。

後漢の都洛陽の周辺で発見される一世紀代の鏡は、幾何学的な文様をもつ内行花文鏡が多く、径二〇センチをこえる優品もつくられた。しかし、ほとんどが「長宜子孫」や「位至三公」など四言の短い吉祥句を入れるだけで、永平七年(六四)「公孫家作」鏡(図16上、七七頁)をのぞけば、いずれも作鏡者や制作地などはわからない。

二世紀になると、黄河流域から出土する鏡は小型鏡が大半を占め、銅鏡生産はしだいに衰退に向かった。その状況は、大型の画像鏡をつくる呉派や淮派、中央の委託をうけて精細な神獣鏡・獣首鏡・八鳳鏡を制作した広漢派とは対照的である。

もっとも将軍クラスの高官を埋葬した甘粛省武威雷台《ぶいらいだい》漢墓からは、金銀で細かい八鳳文を象嵌した径二一センチの鉄鏡が出土し、一九六年に曹操が献帝を許(許昌)に迎えたときの献上品にも、径二九センチほどの金象嵌鉄鏡が含まれていたという(『北堂書鈔《ほくどうしょしょう》』巻一三六に引く「魏武の上《たてまつ》る雑物《ぞうもつ》の疏《そ》」)。化粧道具として鏡を用いる風習が黄河流域で衰えたわけではない。

一九〇年、董卓の破壊によって都の洛陽が廃虚となった。前章にみたように、このころ八鳳鏡を制作した「趙禹」は洛陽から江南に移っているから、洛陽における鏡生産もこのとき壊滅的な打撃を受けた可能性が高い。

魏の紀年鏡

二二〇年、曹丕は許で天子の位に即くと同時に、荒廃した洛陽宮の修築をはじめたが、洛陽に都城を本格的に建設することは、次の明帝によって青龍三年(二三五)に着手された。宇宙になぞらえた太極殿《たいきょくでん》を新たに建造し、洛陽城全体の大規模な造営がはじまったのである。

この年につくられた方格規矩四神鏡が、京都府大田南《おおたみなみ》五号墳と大阪府安満宮山古墳(図43下)から出土している。この二面は同じ型でつくられた鏡で、径一七センチ、「青龍三年、顔氏《がんし》作」ではじまる銘文は、漢鏡に通有の七言句である。顔氏は魯《ろ》の鄒《すう》県(山東省、『急就篇《きゅうしゅうへん》』顔師古《がんしこ》注)の豪族で、作鏡者の「顔氏」はその支族であろう。

この鏡で注目すべきは、後漢前期の方格規矩四神鏡(図43上)の文様を忠実に模倣していることである。宇宙になぞらえた洛陽宮の造営に着手した記念すべき年に、宇宙を象徴する文様の鏡をとくに選んで制作したのであろう。しかし、鈕座の方格は台形にひずみ、四神などの表現は稚拙である。また、規矩文のL字形が逆向き(正L字形)になり、方格各辺の右側にあるべき四神がそれぞれ左側に位置している。このような逆転は後漢鏡ではまれであり、二〇〇年ほどさかのぼる後漢鏡を横に置いて鋳型を彫ったために、左右が反対になったのであろう。

年代は下って、西宮市の黒川古文化研究所蔵の甘露五年(二六〇)「右尚方師作」獣首鏡もそうした後漢鏡の忠実な模倣である。径一七センチ、モデルと考えられる建寧《けんねい》元年(一六八)「尚方」獣首鏡と比べると、文様表現はやや稚拙だが、文様構成はほとんど同じであり、紀年銘がなければ九〇年あまりの時間差がわからないほど酷似している。その銘文は次のとおり。

甘露五季、二月四日、
右尚方師作竟、清且明。
君宜高官、位至三公。
保宜子孫。

甘露《かんろ》五年《ごねん》、二月四日《にがつよっか》、
右尚方《うしょうほう》の師《し》 鏡《かがみ》を作《つく》るに、清《きよらか》にして且《か》つ明《あきらか》なり。
君《あなた》は高官《こうかん》に宜《よろ》しく、位《くらい》は三公《さんこう》に至《いた》らん。
保《たも》つこと子孫《しそん》に宜《よろ》し。

作鏡者の「右尚方」は後漢末に尚方を中・左・右の三部署に分けた一つで、魏はこれを継承した。会稽派の個人工房が制作した呉の神獣鏡も、図像文様は後漢鏡の模倣であったが、魏では官民ともに後漢鏡を模倣していたのである。

後漢後期の「尚方」では、鏡を広漢派などの民間工房に外注しており(第六章参照)、青龍三年鏡も洛陽宮の造営を記念して、政権が「顔氏」に制作を委託した可能性が高い。その後、建国から四〇年がたち、政権と社会が安定したため、甘露五年鏡のように官営工房でも日用品の鏡を鋳造するようになったのであろう。

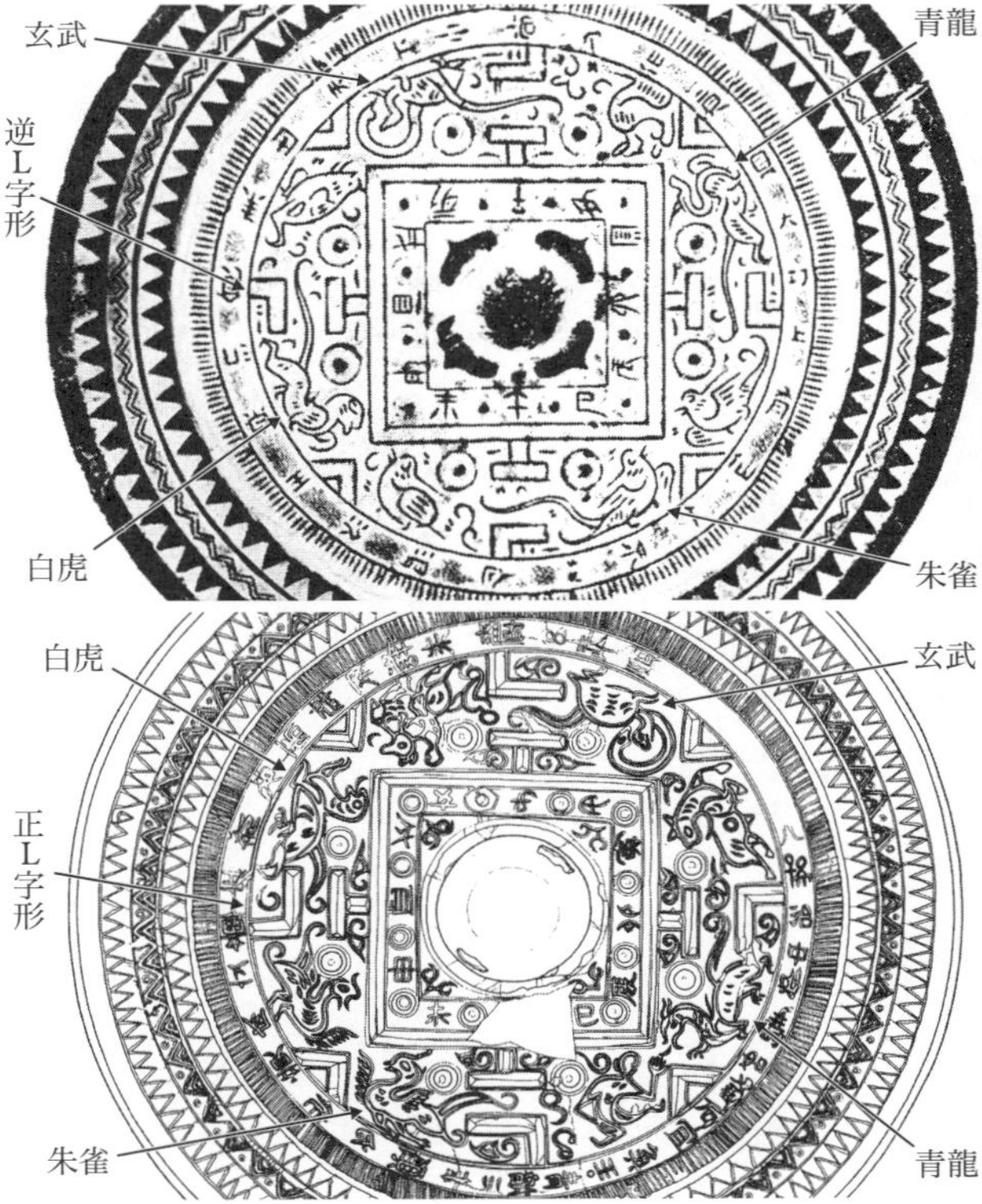

図 43　模倣された方格規矩四神鏡
上：洛陽市鞏県出土「尚方作」鏡
下：大阪府安満宮山古墳出土「青龍三年」鏡

三角縁神獣鏡の成立

日本の古墳から大量に出土する三角縁神獣鏡にも、二三九～二四〇年の魏の年号をもつ鏡がある。それも青龍三年鏡と同じように後漢鏡の模倣によって成立した。そのうち景初《けいしょ》三年(二三九)「陳是《ちんし》(氏)作」三角縁神獣鏡のモデルになったのは、一九〇年ごろの画文帯同向式神獣鏡である。洛陽市吉利《きつり》区の出土例は、径一五センチ、鈕の右に西王母、左に東王公があり、外区の画文帯は時計回りにめぐっている(図44上)。

これをモデルに模作されたのが、大阪府和泉黄金塚古墳出土の「景初三年、陳是作」鏡である(図44中)。径二三センチ、後漢の画文帯神獣鏡には例の少ない大きさで、図像表現は稚拙だが、文様構成はモデル鏡とほとんど同じである。しかし、作鏡者の「陳氏」はモデル鏡を横に置いて鋳型を彫ったため、西王母と東王公、伯牙と鍾子期の位置、および伯牙の顔の向きがそれぞれ左右逆転し、画文帯は反時計回りにめぐっている。

「陳氏」の創作としては、内区外周の上下左右にある小円文を乳に、内区の外周線を隆起する鋸歯文に、それぞれ改変したことである。とくに径を大きくし、高く突起する乳を加えたことは、以後の三角縁神獣鏡に継承される特徴である。

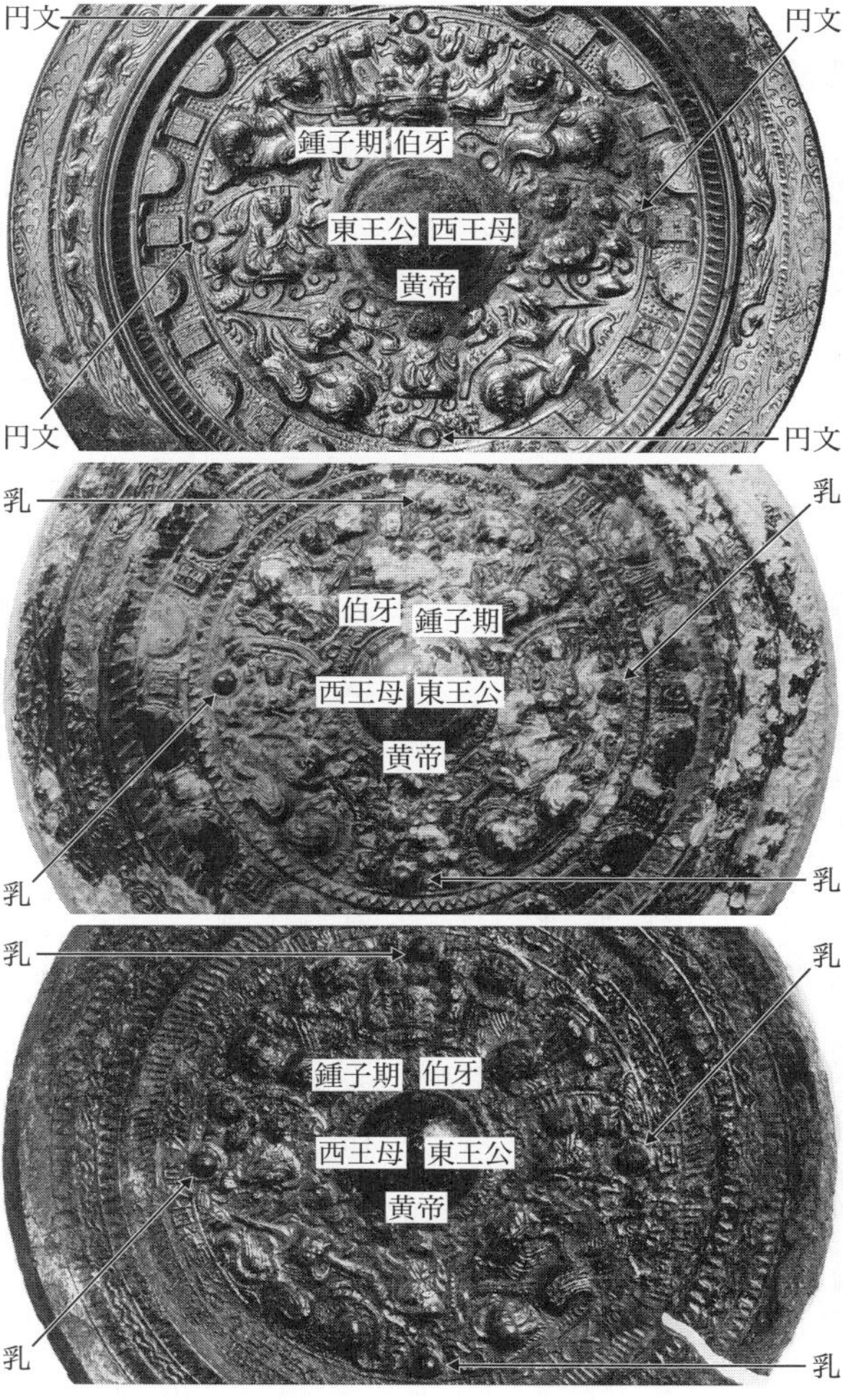

図 44　「景初三年，陳是作」鏡　上：洛陽市吉利区出土，
中：大阪府和泉黄金塚古墳出土，下：島根県神原神社古墳出土

つづいて制作されたのが、島根県神原《かんばら》神社古墳出土の「景初三年、陳是作」三角縁神獣鏡である(図44下)。径は黄金塚鏡と同じ二三センチ、内区の図像文様はそのままに、半円方形帯より外側を画像鏡と同じような外区文様と三角縁に改変したのである。伯牙と鍾子期の位置、および伯牙の顔の向きが、黄金塚鏡とは左右逆転していることからみると、「陳氏」は完成したばかりの黄金塚鏡を横に置いて鋳型を彫った可能性がある。

このように「陳氏」は、二三九年に画文帯同向式神獣鏡を忠実に模倣した和泉黄金塚鏡をまず試作し、その年のうちに画像鏡の要素を取り込んだ三角縁神獣鏡を創作したのである。

翌年に「陳氏」は、「景初四年、陳是作」盤龍鏡と「正始元年、陳是作」三角縁同向式神獣鏡をつくっている。正始元年(二四〇)鏡は、径二三センチ、全体として「景初三年」三角縁神獣鏡を継承しつつ、文様をややていねいに表現し、外区の厚みを増している。景初四年(二四〇)鏡は淮派の盤龍鏡を模倣したもので、径一七センチと小さく、龍と虎が一対ずつ対峙し、外区は斜縁状をなしている。これは図44に示した一連の同向式神獣鏡とはモデルが異なるため、モデル鏡にはない乳を四方に加えたことをのぞけば、文様上の共通性はみられない。しかし、銘文のパターンと筆跡からみると、いずれも「陳氏」による一連の作品と考えられる。

『魏志』倭人伝によれば、景初三年六月、倭王卑弥呼の派遣した大夫難升米《なしめ》が魏の帯方郡に到着し、同年一二月に都洛陽で魏帝より「銅鏡百枚」を賜与されたという。いまみたように、ちょうどその年に「陳氏」が後漢鏡をモデルに三角縁神獣鏡を創作したプロセスが明らかになり、モデル鏡の有力な候補が洛陽で発見されたことから、「銅鏡百枚」が三角縁神獣鏡であり、その工房が洛陽にあった可能性がきわめて高くなった。

なお、現行本の『魏志』はこれを「景初二年」とするが、『梁書《りょうしょ》』倭伝や『日本書紀』神功《じんぐう》皇后三十九年条の「是《こ》の年や、太歳は己未《きび》」の注に引く『魏志』はいずれも「景初三年」とし、それを「己未」年としていることからも、現行本は「景初三年」の誤写と考えられている。

三角縁神獣鏡の工人はどこから来たか

一九八一年、王仲殊は、呉の神獣鏡工人が日本に渡来して三角縁神獣鏡を制作したという論文を発表し、魏鏡説が通説であった学界に大きな衝撃を与えた。三角縁神獣鏡が中国から一面も出土していないことに加えて、神獣鏡は江南から多く出土し、北中国からほとんど発見されていなかったからである。

しかし、その後の調査と研究によって、神獣鏡は四川の広漢派にはじまり、二世紀後半に江南の呉派や会稽派にひろがったほか、徐州の淮派にも受容されたことが明らかになった。上述のように、江南では対置式・同向式・重列式の神獣鏡が主であるのに対して、徐州では画像鏡と神獣鏡を折衷した鏡が生みだされ、四つないし六つの乳や断面三角形の周縁、淮派に起源する銘文をもつという特徴がある。三角縁神獣鏡はこうした徐州の神獣鏡を母胎として生まれたのであり、江南の呉鏡とは図像文様や銘文が相当にちがっている。

このため近年、徐州工程学院の楊金平《ようきんぺい》は、徐州の鏡工が日本に渡来して三角縁神獣鏡を制作したと論じている。楊説の根拠になっている徐州の鏡は、二世紀末の斜縁神獣鏡であり、三世紀の徐州における鏡の制作状況は明らかにされていないが、鏡工の系統からみれば、三角縁神獣鏡は、呉派や会稽派など呉の系統よりも、袁派など徐州の系統につながりが深い。

徐州は曹操の地盤である沛国譙《しょう》県(安徽省亳州《はくしゅう》市)に隣接し、三国代には魏の領域に属している。つとに富岡謙蔵が指摘しているように、三角縁神獣鏡には「銅は徐州に出で、師は洛陽に出づ」というめずらしい銘文があり、三角縁神獣鏡の制作をめぐっては、徐州と洛陽が焦点となっている。そこで、次にその銘文を検討してみよう。

「景初三年」鏡の銘文を読み解く

三角縁神獣鏡の制作地をめぐる議論の中で、一連の「陳是作」鏡の銘文について、いくつかの解釈が提出されている。銘文のパターンはいずれも「景初三年」三角縁神獣鏡をもとにしているから、ここではそれを例として検討する。

景初三年、
陳是作鏡、自有經述。
本是京師、杝地疋出。
吏人詺之、位至三公、
母人詺之、保子宜孫、
壽如金石兮。

景初三年《けいしょさんねん》に、
陳氏《ちんし》鏡《かがみ》を作《つく》るに、自《おのず》から経術《けいじゅつ》有《あ》り。
本《もと》より是《こ》れ京師《けいし》より、他地《たち》に出《いだ》す所《ところ》なればなり。
吏人《りじん》之《こ》れに照《て》らせば、位《くらい》は三公《さんこう》に至《いた》らん。
母人《ぼじん》之《こ》れに照《て》らせば、子《こ》を保《たも》ち、孫《まご》に宜《よろ》し。
寿《いのち》は金石《きんせき》の如《ごと》くあらん。

四言の銘文は、第二・第三行の「述《じゅつ》」と「出《しゅつ》」が押韻し、第四・第五行は対句である。作鏡者の「陳是」は「陳氏」、「述」は「術」の仮借である。第二行は淮派の画像鏡にみられた「尚方作竟自有術」などをもとに「ただしい」という意味の「経」を加え、四言句に改変したものである。つまり、これは「陳氏がつくった鏡は、正しい規範を内包している」という通有の銘文であり、「自《みずか》ら鏡をつくる経歴を述べる」という王仲殊の解釈は無理がある。

第三行の上句「本是京師」は、字釈に異論がなく、「正始元年」鏡との対照によって「是《し》」は「自《じ》」と、「京《けい》」は「荊《けい》」と、それぞれ通じている。「京師《けいし》」は首都を意味し、本鏡は魏の年号をもつから、それは魏の都洛陽にほかならない。

問題は下句で、字形が鮮明ではないため、左表のように字釈が分かれている。「正始元年」鏡の銘文と比べると、王説では両銘の意味が異なるのに対して、ほかの三説では同じ意味に解釈される。なかでも仮借字を用いて同一の字句を両鏡で書き分けた〝同文異字〟とする光武説は、もっとも穏当な読み方である。

	「景初三年」三角縁神獣鏡	「正始元年」三角縁神獣鏡
福山敏男	本是京師、杜□□出	本自荊（京）師、杜地命出
笠野　毅	本是京（鏡）師、杜地工出	本自州（彫）師、杜地所出
王　仲殊	本是京師、絶地亡出	本自州師、杜地命出
光武英樹	本是京師、杝（他）地疋（所）出	本自荊（京）師、杜（他）地所出

そうであれば、これは第二行の「正しい規範を内包する」鏡の根拠として「もとより都の洛陽から他の地に輸出するところのものである」という意味であり、はるばる大海を渡って朝貢してきた倭王卑弥呼に贈るものとして制作されたと解釈できる。それはきわめて異例な鏡の銘文であるから、これだけを根拠に立論するのはむずかしいとしても、卑弥呼が朝貢してきた

「景初三年」に「陳氏」が後漢の画文帯神獣鏡をモデルに試行錯誤しながら本鏡を創作したことからみれば、それはもっとも蓋然性の高い解釈といえよう。

第四行と第五行は、鏡の効能を記した通有の銘文である。上句の第三字はこれまで「銘《めい》」と読まれてきたが、光武英樹が指摘するように、これは「詔《しょう》」の異体字で「照《しょう》」の仮借である。役人と女性を対象にした銘文であり、ここで韻を踏みはずしていることからみると、身近な慣用句を借用したにすぎないのだろう。

新作の大鏡

「景初三年」三角縁神獣鏡は径二三センチ、モデルとなった画文帯神獣鏡の約一・五倍の大きさである。三角縁神獣鏡の平均は径二二・三センチであり、魏政権が民間の工房に発注したとき、大きな鏡をつくるよう特別に注文を付けたのだろう。

なかでも兵庫県森尾《もりお》古墳などから出土した「新作」三角縁神獣鏡は、径二六センチと大きく、いわゆる笠松文《かさまつもん》を十文字に配置した四神四獣鏡である。これには次のような銘文がある。

新作大竟、幽律三剛。　新《あら》たに大鏡《おおかがみ》を作《つく》るに、三剛《さんごう》を幽律《ゆうりつ》す。
配徳《ママ》君子、清而且明。　徳《とく》を君子《くんし》に配《はい》し、清《きよらか》にして且《か》つ明《あきらか》なり。

銅出徐州、師出洛陽。　銅《どう》は徐州《じょしゅう》に出《い》で、師《し》は洛陽《らくよう》に出《い》づ。
彫文刻鏤、皆作文章。　文《もよう》を彫《ほ》り刻鏤《こくろう》するに、皆《み》な文章《ぶんしょう》を作《な》す。
左龍右乕、師子有名。　左龍《さりゅう》と右虎《うこ》あり、獅子《しし》 名《な》有《あ》り。
服者大吉、長冝子孫。　服《ふく》する者《もの》は大吉《だいきち》にして、長《なが》く子孫《しそん》に宜《よろ》し。

整った四言の銘文で、冒頭に本鏡が「新作の大鏡」であると宣揚する。「新作」も「大鏡」も鏡の銘文としてはめずらしい。「幽律三剛」は後漢鏡の「幽湅三剛」にならった独特の表現で、三種の堅剛な金属を精錬したことをいう。「配徳君子」も斜縁神獣鏡などにみえる「統徳序道、配像萬彊」を変形した語であり、「君子」は人ではなく鏡にあらわされた神像を指すのだろう。

第三行は、富岡謙蔵以来、三角縁神獣鏡の制作地論争とも関連して着目されてきた。「徐州」は後漢代に淮派の活躍したところで、二世紀末から三世紀はじめに画像鏡と神獣鏡を折衷して斜縁神獣鏡が創作され、三角縁神獣鏡の源流になったことは前章に述べた。「徐州」の銅は江南の丹陽ほど有名ではないが、遼寧《りょうねい》省三道壕《さんどうごう》一号墓出土の方格規矩鏡に「同出余州（銅は徐州に出づ）」という同一の銘文がある。それは「青龍三年、顔氏作」鏡と同じタイプの魏鏡であり、「顔氏」の本籍が山東省南部にあることを考えると、袁派の流れをうけた徐州の鏡工が方格規矩鏡や三角縁神獣鏡の制作に関係したことがうかがえる。

「師出洛陽」は本鏡の作者が「洛陽」の出身であることをいう。ただし「洛陽」で本鏡を制作したとはかぎらないし、王仲殊はこれを虚辞とする。

第四・第五行は本鏡の図像に細かい彫刻をほどこし、「龍・虎・獅子」をあらわしたことをいう。「獅子」はめずらしいが、「龍氏作」獣帯鏡（図19下、九一頁）など淮派の銘文に例がある。

鏡は大きいほど価値が高いのはいうまでもない。とくに洛陽出土の後漢鏡や魏晋鏡はほとんどが貧弱な小型鏡であるから、三角縁神獣鏡の大きさは際だっている。上述の「魏武の上る雑物の疏」によると、一九六年に曹操が漢献帝を許に迎えたとき、皇帝には一尺二寸（約二九センチ）の金象嵌鉄鏡一枚、皇后と皇太子には七寸（約一七センチ）の銀象嵌鉄鏡を四枚ずつ、后妃や皇女には九寸（約二二センチ）の鉄鏡四〇枚を献上したという。金象嵌—銀象嵌—鉄鏡という等級と大きさによる鏡の序列があったのである。献帝を迎えたとき、曹操の勢力はまだ弱く、戦乱期のことであるから、三角縁神獣鏡が創作された四〇年後の社会情勢は異なるとしても、それは中国でも王侯クラスに贈られる特別な大きさであったことはまちがいない。

卑弥呼の「銅鏡百枚」

二三九年、魏帝は卑弥呼を「親魏倭王」に封じ、「献ずる所の貢直《こうち》に答える」回賜《かいし》（返礼の下賜品)に加えて、「また特に」卑弥呼に対して各種の織物類、金八両、五尺刀二口、「銅鏡百枚」、真珠と鉛丹それぞれ五〇斤などを賜与し、「還り到れば録受し、悉《ことごと》く以て汝《なんじ》が国中の人に示し、国家(魏)汝を哀《いつくし》むを知らしむべし。故に丁重に汝に好《よ》き物を賜《たま》うなり」と命じた。

それから六〇〇年ほど経った唐の文宗《ぶんそう》(在位八二七~八四〇)のとき、朝廷では卑弥呼への下賜品が話題になった。相次ぐ戦乱によって唐王朝はいちじるしく衰退していたところに、チベットの吐蕃《とばん》国が馬を要求してきたのである。その対応をめぐって朝廷では激論が戦わされ、数多くの軍功をあげていた王茂元《おうもげん》は次のように上奏した。

むかし魏は倭国に酬《むくい》るに銅鏡・紺文《こんぶん》に止《とど》め、漢は単于《ぜんう》に遺《おく》るに犀毘《せいひ》・綺袷《きこう》に過ぎず、ともに一介の使《つかい》もて将《まさ》に万里の恩とす。(「奏吐蕃交馬事宜状」)

この原文は「魏」と「漢」、「倭国」と「単于」、「銅鏡」と「犀毘」、「紺文」と「綺袷」が対句になっている。魏が倭国に贈った「銅鏡」は『魏志』倭人伝にみえる「銅鏡百枚」、「紺文」は「紺地句文錦」ほか各種の絹織物を二字に省略したものであり、漢が匈奴に贈った「犀毘」は『史記』匈奴伝などにみえる黄金の帯金具、「綺袷」は「服繡《ふくしゅう》袷綺衣・長襦《ちょうじゅ》・錦袍《きんぽう》」など各種の絹織物を二字に縮約したものである。要するに、魏は倭王に対して銅鏡と絹織物を与え、漢は匈奴単于に対して帯金具と絹織物を贈ったが、万里のかなたにある蛮夷に対して、それ以上の厚遇は前例がない、と王茂元は論じたのである。

匈奴は漢高祖が平城で敗れて対等の関係を結び、毎年さまざまな贈り物を送り届けなければならなかった、漢にとって最大の強敵であった。一方の倭は、魏にとって海東の外臣にすぎない。それにもかかわらず、唐の朝廷では倭王に対する魏の下賜品が匈奴単于に対する漢の贈り物と同列に論じられていたのである。王茂元の主旨は、両方の回賜とも中国王朝にとって負担は小さかったということだが、倭が匈奴と肩を並べる評価を受けていたのは、わたしたち倭人の後裔にとって、いささか面映ゆいことである。

また、漢が匈奴単于に対して匈奴語にいう「犀毘」を制作して贈り、魏は倭王卑弥呼に対して「好き物」の「銅鏡百枚」を特別に贈っている。「銅鏡百枚」は当時の洛陽市中に流通していた鏡の寄せ集めであったと王仲殊らは考えているが、この上奏文を『全唐文』の中から発見した山口博は、これこそ「銅鏡百枚」が魏の特注品であることを裏づけると論じている。

上述のように、倭王卑弥呼が魏に使いを送った景初三年（二三九）、画文帯神獣鏡をモデルに三角縁神獣鏡が創作されたこと、とりわけ「景初三年」鏡や「新作の大鏡」をはじめ、三角縁神獣鏡のほとんどは同時代に比類ない大きさをもつことから、魏が倭王に贈った「銅鏡百枚」は、この年に鋳造された三角縁神獣鏡をおいてほかにみあたらない。

もっとも、対匈奴から対倭の関係まで四〇〇年あまり、この間に手工業の生産体制も大きく変化した。匈奴に贈る黄金の帯金具は、おそらく前漢の官営工房で最先端の技術を用いて制作されたのであろう。しかし、後漢後半期には、御用品であっても民間の工房に制作を委託するようになり、三国の呉では新都の武昌に呼び寄せられた会稽派の鏡工が、政権を賞揚する神獣鏡を個人の名で制作した。三角縁神獣鏡の制作には、「景初三年」鏡を創作した「陳氏」のほか、「張氏」や「王氏」などがあたり、「陳氏」には「陳孝然《ちんこうぜん》」という名の鏡工もいた。景初三年に魏が倭王卑弥呼に贈った「銅鏡百枚」は、官営工房の制作ではなく、政権から発注を受けた民間工房が分担して生産したのである。官から民へ、鏡の生産体制はこのときすでに古代から中世へと推移していたのである。

あとがき

「はじめに」にとりあげた北宋の蘇軾は、絵画についても独自の理論をもっていた。その詩に「形が似ていることで絵画を論じるのは児童と同じ」というくだりがある。絵画には〝形〟をこえた精神性が求められるというのである。

たとえば、富士山の絵がある。狩野探幽や歌川広重らの作品も、小学生の写生も、描かれた山の〝形〟は似ている。そのちがいが子供にはわからないとしても、わたしたちが作品を鑑賞するのは、そこに描かれた〝形〟ではなく、〝形〟にあらわされた画家の技芸であり、精神の価値である。

わたしが鏡の研究をはじめたとき、多様な銘文の内容に関心をもったのであるが、うわべだけの理解にとどまり、むしろ文様や銘文の〝形〟を分ける型式学に力を注いでいった。修士論文では、漢代四〇〇年の鏡を七期に分け、時期ごとに文様や銘文の型式が大きく変化することを明らかにした。しかし、所詮それは蘇軾のいう「児童と同じ」レベルであった。

新中国が成立してまもなくのころ、思想革命をめざす反右派闘争の中で、伝統的な考古学の方法を批判し、マルクス主義の考古学によって社会主義国家の建設に貢献しようという主張がまきおこった。伝統的な考古学とは、土器や石器の型式をもとに時間と空間の〝ものさし〟となる〝文化〟や〝類型〟を設定する研究であり、型式学はその中で確立した方法論である。革命前からの伝統的な考古学を指導していた北京大学の教授は、そのとき学生たちに「ただ器物だけをみて人をみない俗流の進化史観」として痛烈に批判された。土器の形は、土器そのものに内在する法則にしたがって変化するのではなく、人間の必要によって変化するものであるから、土器の形の変化だけを説明するのではなく、それをつくり使った人間をこそ研究するべきではないか、というのが当時の学生たちの主張であった。それは蘇軾の絵画理論とも通底する。わたしは人間の探求をめざす考古学に大いに共感を覚えたのである。

二〇〇五年より、わたしは京都大学人文科学研究所で共同研究の「中国古鏡の研究」班を主宰し、手はじめに会読したのがカールグレンの論文である。「はじめに」に述べたように、言語学者のカールグレンは、羅振玉の集成をもとに漢鏡の銘文を整理し、押韻や仮借に注意しながら、それぞれに詳細な注釈をほどこした。研究班ではそれを英和辞典と漢和辞典を引きながら読むこと三年、これまでのようにパターンの似た銘文を型式として一括りに分類するのではなく、銘文の一字一句を吟味し、鏡のそれぞれを鑑賞することの大切さを学んだ。

しかし、カールグレン論文が発表されて八〇年が経ち、新しい銘文が陸続と発見されているものの、これを改訂する研究はあらわれなかった。三角縁神獣鏡など一部の鏡をのぞけば、銘文に対する関心が戦後ますます薄れていったからである。そこで研究班では、新たに発見された銘文を補いつつ、前漢から西晋までの銘文を時期ごとに整理して訳注をほどこす作業に着手した。選別した銘文の総数は四七〇例、検討した銘文の数は、この数十倍におよぶ。その成果は「鏡銘集釈」と研究論文として当研究所の『東方学報』京都第八四～第八八冊(二〇〇九～二〇一三年)に連載した(電子データは京都大学学術情報リポジトリ「KURENAI(紅)」に公開中)。

銘文を読んでいく中で、鏡に対する認識を改める転機になったのが、淮派の「杜氏」との出会いである(第四章参照)。「杜氏」鏡の多くは戦後になって世にあらわれたため、その銘文を解釈した人はいなかった。不鮮明な写真しか公表されていないこともあって、句読を切ることすらできず、四六時中その銘文が頭を離れなかった。ところが、ある日、それが入声韻の雑言体という非常に特殊な詩形になっていることを発見し、ようやく銘文の全体が解読できた。これをもとに「杜氏」鏡を集めて文様を観察し、その変化を跡づけると、かれは若いころ「尚方」という大規模な工房で修業を積み、斬新な文様と銘文をもつ盤龍鏡を創作し、やがて独自の工房をもつようになったこと、その独創的な作品は淮派をリードしたものの、晩年には衰えがあらわれ、江南に勃興した呉派の画像鏡の模倣に堕ちる遍歴が明らかになったのである。

ついでめぐりあったのが呉派の「張氏元公」である(第七章参照)。銘文の変化からみると、かれは広漢派の環状乳神獣鏡を模倣することからはじめ、故郷の呉郡を離れてからは、その図像を組み換えて同向式や重列式など各種の神獣鏡を創作していったことが明らかになった。

わたしたち考古学者は、これまで図像配置をもとに神獣鏡を分類し、それぞれを個別に分析してきたのであるが、実際は一人の鏡工が各種の神獣鏡の制作を手がけていたのである。「杜氏」ら淮派の鏡工も、盤龍鏡・獣帯鏡・画像鏡など各種の鏡を制作していたのであり、表面的な形のちがいによって分類してしまうと、鏡をつくった鏡工にせまることはおろか、その年代や制作地の判断すらまちがうことに気づいたのである。

このころ中国文学の泰斗、吉川幸次郎の『陶淵明伝』を読み、たいへん感銘をうけた。それは「帰去来の辞」や「桃花源記」など陶淵明(三六五~四二七)の詩文を解説しながら、野にあって自由をうたった詩人の生き方にせまった伝記である。

鏡の銘文は、そのように洗練された文学作品ではないものの、民間でうたわれた詩の一種であり、抒情あふれる銘文も少なくない。しかも、鏡には詩文にはない図像や文様がある。鏡を観察すると、鋳型を彫る作者の手の動き、その息づかいすらうかがえる。銘文と図像文様の両面から作者の芸術と生き方にせまることができるのではないか。

歴史の表舞台にあらわれないとはいえ、鏡工たちは技や意匠を工夫しながら鏡をつくり、鏡にみずからの精神を刻み、作品を市場に売り出していた。人びとはさまざまな思いを鏡に託し、率直な感情を銘文によんだ。そうした人びとには、前漢の淮南王劉安のような宮廷文人もあれば、旅立つ夫を送る、名もなき妻もあった。このような鏡をめぐるさまざまな人びとの心情を照らしだし、〝人間の考古学〟をめざす試みは、ひとまずここで筆を擱くことにする。

最後になったが、本書の執筆を勧めてくださった田中琢《みがく》先生と、編集の労をとられた岩波書店編集部の大山美佐子さんと古川義子さんに感謝したい。生硬な本文が、少しでもわかりやすいものになったとすれば、それはひとえにお二人の尽力による。

二〇一七年四月

岡村秀典

鏡関連年表

西暦	中国	日本
B.C.		
a.2000	**斉家文化**	**縄文時代**
	星形文鏡(図1上)	
a.1600	**夏時代**(二里頭文化)	
	トルコ石象嵌銅円盤(図2)	
a.1500	殷,夏を滅ぼす　**殷時代**	
	矢羽根状文鏡(図1下)	
a.1050	周,殷を滅ぼす　**西周時代**	**弥生時代**
770	西周滅び,東周,洛陽遷都　**春秋時代**	
	山西省侯馬 鏡鋳型(図3)	
453	韓・魏・趙が自立し,秦・燕・斉・楚を加えた七大国の争い　**戦国時代**	
316	湖北省包山2号墓 副葬品リスト	
	河北省燕下都 山字文鏡鋳型	
221	秦始皇帝,中国を統一　**秦時代**	
206	劉邦,咸陽宮を占領し,秦滅ぶ	
202	劉邦,項羽を下す　**前漢時代**	
	山東省臨淄 斉王墓 大方鏡(図7)	
	湖南省長沙馬王堆1号墓 化粧箱(図5)	
164	劉安,淮南王に封じられる(〜前122)	
154	呉楚七国の乱	
	蟠螭文鏡(図10)	
141	武帝即位	
129	対匈奴戦争はじまる	
	山東省臨淄故城 鏡鋳型(図4)	
	草葉文鏡(図9)	

119	塩鉄の専売制，五銖銭の制定	
113	河北省満城1号(中山王劉勝)墓	
	河北省満城2号(劉勝夫人)墓	
108	武帝，朝鮮国を滅ぼし，楽浪郡ほかを設置	
	銘帯鏡(図11)	
91	巫蠱の乱	
	銘帯鏡(図12)	
74	昭帝崩じ，宣帝即位	「楽浪海中に倭人有り，分れて百余国と為る．歳時を以て来り，献見すと云う」(『漢書』地理志)
68	霍光没し，宣帝，「温明」を下賜	
	江蘇省姚荘101号墓「温明」(図8)	
59	江西省南昌市 海昏侯劉賀墓	
33	成帝即位．外戚王氏の専権はじまる	
3	西王母の信仰がひろがる	
	方格規矩四神鏡(図14上)	
B.C.1	平帝即位．王莽，大司馬となる	
A.D.1	王莽「安漢公」と号す	
3	王莽，礼制・学制を改革	
5	平帝崩じ，王莽，仮皇帝となる	「東夷の王，大海を渡りて国珍を奉ず」(『漢書』王莽伝)
6	居摂元年連弧文銘帯鏡	
8	王莽，皇帝となる　**新時代**	
10	始建国二年獣帯鏡(図14下)	
	「尚方」にて宮廷用の鏡を制作	大阪府紫金山古墳「尚方」方格規矩四神鏡(図15上)
	「王氏作」方格規矩四神鏡(図13)	
23	王莽敗死し，新滅ぶ	佐賀県桜馬場甕棺墓「尚方作」方格規矩四神鏡(図15下)
25	光武帝即位　**後漢時代**	
36	蜀の公孫述が滅び，後漢は中国再統一	
48	南匈奴の単于，後漢に来降する	
57		倭奴国王の遣使，光武帝より「漢委奴国王」金印を授かる
64	永平七年「公孫家作」内行花文鏡(図16上)	
	永平七年「尚方作」獣帯鏡(図16下)	岐阜県城塚古墳「尚方作・青盖志」獣帯鏡(図17上)

	淮派の出現	
	「青盖作」獣帯鏡(図17下)	
	「池氏作」獣帯鏡(図18)	
73	班超を西域に派遣	
	「柏師作」獣帯鏡(図24上)	
	呉派の出現	
83	建初八年「呉朱師作」画像鏡(図23)	
86	元和三年「尚方造」獣帯鏡	
	「尚方作」獣帯鏡(図21)	
87	章帝，寿春(淮南)に行幸	
	「淮南龍氏作」盤龍鏡(図19上)・獣帯鏡(図19下)	
	「尚方作・杜氏所作」盤龍鏡(図20上)・「尚方名工杜氏所造」盤龍鏡(図20下)・「遣杜氏造」盤龍鏡	
	「周是作」画像鏡(図25)	
	「呉向里栢氏作」画像鏡(図24下)	
	塩鉄専売制の廃止	
91	「石氏作」盤龍鏡(図26上)・永元三年画像鏡(図26下)	
	「杜氏作」獣帯鏡(図27上)・画像鏡(図27下)	
	「池氏作」獣帯鏡(図28上)	
97	班超，甘英をパルティアに派遣	
	「袁氏作」画像鏡(図28下)	
	広漢派の出現	
105	元興元年「広漢西蜀造作」環状乳神獣鏡(図29)・獣首鏡(図30上)・八鳳鏡(図30下)	
107		倭国王帥升ら生口160人を献じ，後漢に朝貢
	「董氏造作・尚方」八鳳鏡(図31)	
166	党錮の禁	
167	永康元年環状乳神獣鏡(図32)	
	永康元年「尚方」獣首鏡	

	「黄盖作」三段式神仙鏡(図33)	
178	「暴氏作，尚方」環状乳神獣鏡	
	九子派の出現	
	「九子」環状乳神獣鏡(図34上)	
184	太平道の張角らによる黄巾の乱，五斗米道の張脩の乱	倭国大乱
	「張氏元公」環状乳神獣鏡(図36上)	
189	董卓，少帝を廃し，献帝を擁立	
190	董卓，洛陽を焼き払い，献帝を長安に連れ去る	邪馬台国の卑弥呼を王とする倭政権の誕生
	遼東太守の公孫度，遼東に自立	
	九子派，蜀から呉に移転	
	「呉造」対置式神獣鏡(図35)	京都府椿井大塚山古墳「九子」対置式神獣鏡(図34下)
	「張氏元公」三段式神獣鏡(図36下)・同向式神獣鏡(図37上)	
	淮派から**袁派**と**劉派**が分派	
	「袁氏作」斜縁神獣鏡(図39上)	奈良県天神山古墳「劉氏作」画像鏡
	「劉氏作」銘帯神獣鏡(図39下)・画文帯同向式神獣鏡(図40上)	奈良県ホケノ山古墳「吾作」同向式神獣鏡
193	曹操，徐州に進攻	
196	献帝，洛陽から許に遷都	
	建安元年「示氏作」重列式神獣鏡(図38上)	
	「張氏元公」重列式神獣鏡(図37下)	
200	曹操，官渡の戦いで袁紹を破る	
202	建安七年「示氏作」重列式神獣鏡(図38下)	
	公孫康，楽浪郡の南に帯方郡を設置	「倭と韓は遂に帯方に属す」(『魏志』韓伝)
208	曹操，赤壁の戦いで孫権・劉備の連合軍に敗れる	
	会稽派の出現	大阪府安満宮山古墳「吾作」斜縁神獣鏡(図40下)
217	建安廿二年「師薩豫作」重列式神獣鏡	
219	孫権，荊州を劉備から奪い，三国鼎立の形勢定まる	

220	曹操没し，曹丕が**魏**を建国．「黄初」と改元	
221	劉備，帝位に即く．孫権，武昌に都を設置し，魏に臣従	
	黄初二年「蔭豫所作」・「武昌所作」同向式神獣鏡(図 41)	
222	孫権自立　**三国時代**	
227	黄武六年「会稽山陰作師鮑唐」重列式神獣鏡	
229	孫権，帝位に即き，「黄龍」と改元，建業に遷都	
235	魏明帝，太極殿など洛陽城の造営	
	方格規矩四神鏡の模作	安満宮山古墳 青龍三年「顔氏作」方格規矩四神鏡(図 43 下)
238	魏，遼東の公孫氏を滅ぼし，楽浪・帯方郡を支配	
239	魏明帝崩じ，少帝即位	
	画文帯神獣鏡を模作し，三角縁神獣鏡を創作	大阪府和泉黄金塚古墳 景初三年「陳是作」画文帯神獣鏡(図 44 中)
		島根県神原神社古墳 景初三年「陳是作」三角縁神獣鏡(図 44 下)
		倭王卑弥呼，魏に遣使し，魏帝より「銅鏡百枚」などを賜る
240	魏，「正始」に改元．帯方郡の使いが倭国に到る	正始元年「陳是作」三角縁神獣鏡
		兵庫県森尾古墳「新作」三角縁神獣鏡
243		倭王，また魏に朝貢
247	魏，帯方郡の張政らを倭国に派遣	卑弥呼，狗奴国と対立

252	孫権崩じ，末子の孫亮即位	卑弥呼没し，内乱となる．13歳の宗女台与を王とし，平和を回復．台与，張政らの帰国を送り，魏に朝貢
256	孫亮，太祖廟を建て，「太平」と改元 太平元年「君作」対置式神獣鏡	
258	孫亮，廃位され，孫休即位	
263	魏，蜀を滅ぼす	
264	永安七年「将軍楊勳所作」対置式神獣鏡 孫休崩じ，孫皓即位 孫皓，父と祖父を追頌する「嘉興元年」鏡(図42上)と「黄龍元年」鏡を制作(図42下)	
265	司馬炎，魏を滅ぼし，**晋**を建国	
266		倭，晋に朝貢(『晋書』武帝紀)
280	孫皓，晋に降伏し，晋の中国統一 **西晋時代**	
281	太康二年「呉郡工清羊造作」対置式神獣鏡	

参考文献

全体に関係する文献

王　仲殊（尾形勇・杉本憲司訳）『三角縁神獣鏡』（学生社，1998 年）

岡村秀典『三角縁神獣鏡の時代』（吉川弘文館，1999 年）

霍宏偉・史家珍主編『洛鏡銅華――洛陽銅鏡発現与研究』（科学出版社，2013 年／翻訳は，岡村秀典監訳，田中一輝・馬渕一輝訳『洛陽銅鏡』科学出版社東京，2016 年）

孔祥星・劉一曼『中国古代銅鏡』（文物出版社，1984 年／翻訳は，高倉洋彰・田崎博之・渡辺芳郎訳『図説　中国古代銅鏡史』中国書店，1991 年）

駒井和愛『中国古鏡の研究』（岩波書店，1953 年）

「中国古鏡の研究」班「前漢鏡銘集釈」「後漢鏡銘集釈」「三国西晋鏡銘集釈」「漢三国西晋紀年鏡銘集釈」「漢三国鏡銘集釈補遺」（『東方学報』京都第 84～第 88 冊，2009～2013 年）

富岡謙蔵『古鏡の研究』（丸善，1920 年）

林巳奈夫『漢代の神神』（臨川書店，1989 年）

樋口隆康『古鏡』（新潮社，1979 年）

はじめに

岡村秀典「古鏡清玩――宋明代の文人と青柳種信」（『清玩――文人のまなざし』研文出版，2015 年）

羅　振玉「漢両京以来鏡銘集録」「鏡話」（『遼居雑箸』1929 年）

Karlgren, Bernhard, “Early Chinese Mirror Inscriptions”, *Bulletin of Museum of Far Eastern Antiquities*, No. 6, 1934

第一章

梅原末治「古鏡の化学成分に関する考古学的考察」（『東方学報』京都第 8 冊，1937 年／『支那考古学論攷』弘文堂書房，1938 年に再録）

王意楽・徐長青・楊軍・管理「海昏侯劉賀出土孔子衣鏡」（『南方文物』2016 年第 3 期）

駒井和愛『楽浪——漢文化の残像』(中公新書, 1972 年)
小南一郎「鏡をめぐる伝承——中国の場合」(『日本文化の探求　鏡』社会思想社, 1978 年)
曽布川寛『崑崙山への昇仙——古代中国人が描いた死後の世界』(中公新書, 1981 年)
孫　機「"温明"不是"秘器"」(『文物』1988 年第 3 期)
福永光司「道教における鏡と剣」(『東方学報』京都第 45 冊, 1973 年)
松本文三郎「遂と鑒」「続鑑鏡考」(『芸文』第 13 年第 1・第 2 号, 1922 年)

第二章

岡村秀典「蟠螭紋鏡の文化史」(『泉屋博古館紀要』第 14 巻, 1998 年)
岡村秀典「前漢鏡銘の研究」(『東方学報』京都第 84 冊, 2009 年)
小川環樹「漢代文学の一側面——鏡銘の叙情性」(『書道全集』第 2 巻月報第 19 号, 平凡社, 1958 年／『風と雲——中国文学論集』朝日新聞社, 1972 年に再録)
小南一郎『中国詩文選 6　楚辞』(筑摩書房, 1973 年)
三沢玲爾「楚辞と漢鏡銘」(『神戸国際大学紀要』第 46 号, 1994 年)

第三章

東　晋次『王莽——儒家の理想に憑かれた男』(白帝社, 2003 年)
岡村秀典「西王母の初期の図像」(『歴史学と考古学』高井悌三郎先生喜寿記念論集, 1988 年)
小南一郎『西王母と七夕伝承』(平凡社, 1991 年)
西嶋定生『中国の歴史 2　秦漢帝国』(講談社, 1974 年)

第四章

宇都宮清吉『漢代社会経済史研究』(弘文堂, 1955 年)
岡村秀典「漢鏡五期における淮派の成立」(『東方学報』京都第 85 冊, 2010 年)

岡村秀典「名工杜氏伝——後漢鏡を変えた匠」(岡内三眞編『技術と交流の考古学』同成社，2013 年)
岡村秀典「後漢鏡淮派の先駆者たち——三烏・銅槃伝」(高倉洋彰編『東アジア古文化論攷』中国書店，2014 年)
佐藤武敏『中国古代工業史の研究』(吉川弘文館，1962 年)

第五章

王　　牧「東漢貞夫画像鏡賞鑒」(『収蔵家』2006 年第 3 期)
岡村秀典「後漢鏡における淮派と呉派」(『東方学報』京都第 87 冊，2012 年)
裘　錫圭「漢簡中所見韓朋故事的新資料」(『復旦学報(社会科学版)』1999 年第 3 期／『中国出土古文献十論』復旦大学出版社，2004 年に再録)
西川幸宏「『韓朋賦』の性格をめぐって」(『待兼山論叢』文学篇 41 号，2007 年)
西田守夫「神獣鏡の図像——白牙挙楽の銘文を中心として」(『MUSEUM』207 号，1968 年)
森下章司「漢代の説話画」(『国立歴史民俗博物館研究報告』第 194 集，2015 年)
吉川良和『中国音楽と芸能——非文字文化の探究』(創文社，2003 年)

第六章

岡村秀典「後漢鏡銘の研究」(『東方学報』京都第 86 冊，2011 年)
檜山満照「四川製作の後漢元興元年銘鏡について」(『美術史研究』第 40 冊，2002 年)

第七章

岡村秀典「漢三国西晋時代の紀年鏡——作鏡者からみた神獣鏡の系譜」(『東方学報』京都第 88 冊，2013 年)
森下章司「華西系鏡群と五斗米道」(『東方学報』京都第 87 冊，2012 年)

第八章

王　仲殊「黄龍元年鏡与嘉興元年鏡銘辞考釈――試論嘉興元年鏡的年代及其制作地」(『考古』1995年第8期)
岡村秀典「景初三年における三角縁神獣鏡の成立」(『先史学・考古学論究』V 甲元真之先生退任記念，2010年)
岡村秀典「漢王朝と倭」(柳田康雄編『弥生時代政治社会構造論』雄山閣，2013年)
岡村秀典「紀年銘をもつ神獣鏡の新例」(『史林』第99巻第5号，2016年)
笠野　毅「景初三年・𦈡始元年・景初四年の陳氏作鏡銘の解釈」(『日本と世界の考古学――現代考古学の展開』岩崎卓也先生退官記念論文集，1994年)
菊地　大「三国呉の「嘉興元年」鏡についての一試論」(『明大アジア史論集』第7号，2002年)
樋口隆康『三角縁神獣鏡新鑑』(学生社，2000年)
福山敏男「景初三年・𦈡始元年三角縁神獣鏡銘の陳氏と杜地」(『古代文化』第26巻第11号，1974年／『中国建築と金石文の研究』著作集6，1983年，中央公論美術出版に再録)
光武英樹「所謂，卑弥呼の鏡とされる「陳是紀年鏡」銘文の釈読(上)(下)」(『東アジアの古代文化』126号・127号，2006年)
光武英樹「漢三国西晋紀年鏡銘における干支と作鏡年月日の研究」(『東方学報』京都第87冊，2012年)
山口　博「【コラム】魏は倭国のために銅鏡を特注したか」(『聖徳大学言語文化研究所論叢』18，2011年)
楊　金平「徐州地区出土的三角縁神獣鏡――兼論洛陽発現，日本愛知県東之宮古墳出土的同類鏡」(『文博』2010年第2期)
渡邉義浩『三国志よりみた邪馬台国――国際関係と文化を中心として』(汲古書院，2016年)

あとがき

宇佐美文理『中国絵画入門』(岩波新書，2014年)
岡村秀典「区系類型論とマルクス主義考古学」(考古学研究会編『展望考古学』1995年)

図出典

（出典のない図は筆者による）

図1上　段書安編『中国青銅器全集 第16巻 銅鏡』(文物出版社，1998年)図版124

図1下　中国社会科学院考古研究所編『殷虚婦好墓』(文物出版社，1980年)図65

図2下　中国社会科学院考古研究所編『偃師二里頭』(中国大百科全書出版社，1999年)図版124

図3　山西省考古研究所編『侯馬鋳銅遺址』(文物出版社，1993年)図89・90

図4　山口県立萩美術館・浦上記念館編『鏡の中の宇宙』(シリーズ山東文物6，2005年)図版16

図5　湖南省博物館・中国科学院考古研究所『長沙馬王堆一号漢墓』(文物出版社，1973年)図版174・175・178・181・182

図6　曽布川寛・岡田健編『世界美術大全集 東洋編第3巻 三国・南北朝』(小学館，2000年)図68

図7　東京国立博物館ほか編『中国 王朝の至宝』(日中国交正常化40周年特別展，2012年)図版56

図8　揚州博物館「江蘇邗江姚荘101号西漢墓」(『文物』1988年第2期)図版4–2

図9　青島市文物局・平度市博物館「山東青島市平度界山漢墓的発掘」(『考古』2005年第6期)

図10上　前掲『長沙馬王堆一号漢墓』図25

図10下　程林泉・韓国河『長安漢鏡』(陝西人民出版社，2002年)図7–2

図11　張英『吉林出土銅鏡』(文物出版社，1990年)図版6

図12　陝西省考古研究所「西安南郊三爻村漢唐墓葬清理発掘簡報」(『考古与文物』2001年第3期)

図13　羅振玉『古鏡図録』巻中(1916年)23葉

図14下　梅原末治『漢三国六朝紀年鏡図説』(京都帝国大学文学部考古学資料叢刊第1冊，桑名文星堂，1942年)図版2

図15上　森下章司「鏡鑑」(『紫金山古墳の研究』京都大学文学研

究科考古学研究室，2005年）
図15下　杉原荘介・原口正三「佐賀県桜馬場遺跡」(日本考古学協会編『日本農耕文化の生成』東京堂，1961年）
図16上・下　前掲『漢三国六朝紀年鏡図説』図版3・4
図17下　朝鮮総督府『楽浪郡時代の遺蹟』(古蹟調査特別報告第4冊，1927年)図版555
図18　劉紹明「"天公行出"鏡」(『中国文物報』1996年5月26日）
図19上　安徽省文物考古研究所・六安市文物局編『六安出土銅鏡』(文物出版社，2008年)図版135
図19下　富岡謙蔵『古鏡の研究』(丸善，1920年)図版24-1
図21　梅原末治考古資料101
図22上　周世栄「湖南出土漢代銅鏡文字研究」(『古文字研究』第14輯，中華書局，1986年)122
図22下　長沙市博物館編『楚風漢韻 長沙市博物館蔵鏡』(文物出版社，2010年)図版95
図24上　王士倫(王牧修訂)『浙江出土銅鏡』修訂本(文物出版社，2006年)図版24
図24下　陳佩芬編『上海博物館蔵青銅鏡』(上海書画出版社，1987年)図版51
図25　前掲『浙江出土銅鏡』修訂本，彩版11
図27上　徐忠文・周長源主編『漢広陵国銅鏡』(文物出版社，2013年)図版141
図27下　程紅「合肥出土、徴集的部分古代銅鏡」(『文物』1998年第10期）
図30上　崔慶明「南陽市博物館館蔵紀年銅鏡」(『中原文物』1982年第1期）
図30下　常任俠「巴県沙坪壩出土之石棺画像研究」(『金陵学報』第8巻第1・2期，1938年）
図31　鄭州大学歴史学院考古系・河南省文物管理局南水北調文物保護弁公室「河南新郷市金灯寺漢墓発掘簡報」(『華夏考古』2009年第1期）
図35上　湖北省博物館・鄂州市博物館編『鄂城漢三国六朝銅鏡』

（文物出版社，1986 年）図版 96
図 37 下　鄂州市博物館『鄂州銅鏡』（中国文学出版社，2002 年）図版 244
図 38 上　前掲『鄂州銅鏡』図版 140
図 40 下　鐘ヶ江一朗編『安満宮山古墳』（高槻市文化財調査報告書第 21 冊，2000 年）図版 27
図 41 上　前掲『鄂州銅鏡』図版 178
図 42 下　前掲『鄂州銅鏡』図版 184
図 43 上　霍宏偉・史家珍主編『洛鏡銅華──洛陽銅鏡発現与研究』（科学出版社，2013 年）図版 96
図 43 下　前掲『安満宮山古墳』図 25
図 44 上　前掲『中国青銅器全集 第 16 巻 銅鏡』図版 97

岡村秀典

1957 年生．京都大学文学部卒業．文学博士．
京都大学助手，九州大学助教授を経て，
現在一京都大学人文科学研究所教授，東アジア人文情報学研究センター長
専攻一中国考古学
著書一『三角縁神獣鏡の時代』(吉川弘文館，1999)
『夏王朝』(講談社，2003)
『中国古代王権と祭祀』(学生社，2005)
『中国文明』(京都大学学術出版会，2008)
『雲岡石窟の考古学』(臨川書店，2017) ほか

鏡が語る古代史　岩波新書(新赤版)1664

2017 年 5 月 19 日　第 1 刷発行

著　者　岡村秀典《おかむらひでのり》

発行者　岡本　厚

発行所　株式会社 岩波書店
〒101-8002 東京都千代田区一ツ橋 2-5-5
案内 03-5210-4000　営業部 03-5210-4111
http://www.iwanami.co.jp/

新書編集部 03-5210-4054
http://www.iwanamishinsho.com/

印刷・三陽社　カバー・半七印刷　製本・中永製本

ISBN 978-4-00-431664-0　Printed in Japan

岩波新書新赤版一〇〇〇点に際して

ひとつの時代が終わったと言われて久しい。だが、その先にいかなる時代を展望するのか、私たちはその輪郭すら描きえていない。二〇世紀から持ち越した課題の多くは、未だ解決の緒を見つけることのできないままであり、二一世紀が新たに招きよせた問題も少なくない。グローバル資本主義の浸透、憎悪の連鎖、暴力の応酬——世界は混沌として深い不安の只中にある。

現代社会においては変化が常態となり、速さと新しさに絶対的な価値が与えられた。消費社会の深化と情報技術の革命は、種々の境界を無くし、人々の生活やコミュニケーションの様式を根底から変容させてきた。ライフスタイルは多様化し、一面では個人の生き方をそれぞれが選びとる時代が始まっている。同時に、新たな格差が生まれ、様々な次元での亀裂や分断が深まっている。社会や歴史に対する意識が揺らぎ、普遍的な理念に対する根本的な懐疑や、現実を変えることへの無力感がひそかに根を張りつつある。そして生きることに誰もが困難を覚える時代が到来している。

しかし、日常生活のそれぞれの場で、自由と民主主義を獲得し実践することを通じて、私たち自身がそうした閉塞を乗り超え、希望の時代の幕開けを告げてゆくことは不可能ではあるまい。そのために、いま求められていること——それは、個と個の間で開かれた対話を積み重ねながら、人間らしく生きることの条件について一人ひとりが粘り強く思考することではないか。その営みの糧となるものが、教養に外ならないと私たちは考える。歴史とは何か、よく生きるとはいかなることか、世界そして人間はどこへ向かうべきなのか——こうした根源的な問いとの格闘が、文化と知の厚みを作り出し、個人と社会を支える基盤としての教養となった。まさにそのような教養への道案内こそ、岩波新書が創刊以来、追求してきたことである。

岩波新書は、日中戦争下の一九三八年一一月に赤版として創刊された。創刊の辞は、道義の精神に則らない日本の行動を憂慮し、批判的精神と良心的行動の欠如を戒めつつ、現代人の現代的教養を刊行の目的とする、と謳っている。以後、青版、黄版、新赤版と装いを改めながら、合計二五〇〇点余りを世に問うてきた。そして、いままた新赤版が一〇〇〇点を迎えたのを機に、人間の理性と良心への信頼を再確認し、それに裏打ちされた文化を培っていく決意を込めて、新しい装丁のもとに再出発したいと思う。一冊一冊から吹き出す新風が一人でも多くの読者の許に届くこと、そして希望ある時代への想像力を豊かにかき立てることを切に願う。

（二〇〇六年四月）

岩波新書より

日本史

在日朝鮮人 歴史と現在	水野直樹・文京洙
京都〈千年の都〉の歴史	高橋昌明
唐物の文化史	河添房江
小林一茶 時代を詠んだ俳諧師	青木美智男
信長の城	千田嘉博
出雲と大和	村井康彦
女帝の古代日本	吉村武彦
聖徳太子	吉村武彦
秀吉の朝鮮侵略と民衆	北島万次
歴史のなかの大地動乱	保立道久
コロニアリズムと文化財	荒井信一
特高警察	荻野富士夫
中国侵略の証言者たち	岡部牧夫・荻野富士夫・吉田裕 編
朝鮮人強制連行	外村大
勝海舟と西郷隆盛	松浦玲
坂本龍馬	松浦玲
新選組	松浦玲
明治デモクラシー	坂野潤治
考古学の散歩道	田中琢・佐原真
古代国家はいつ成立したか	都出比呂志
王陵の考古学	都出比呂志
渋沢栄一 社会企業家の先駆者	島田昌和
前方後円墳の世界	広瀬和雄
木簡から古代がみえる	木簡学会編
中世民衆の世界	藤木久志
刀狩り	藤木久志
清水次郎長	高橋敏
国定忠治	高橋敏
江戸の訴訟	高橋敏
漆の文化史	四柳嘉章
法隆寺を歩く	上原和
正倉院	東野治之
平家の群像 物語から史実へ	高橋昌明
熊野古道	小山靖憲
シベリア抑留	栗原俊雄
戦艦大和 生還者たちの証言から	栗原俊雄
国防婦人会	藤井忠俊
東京大空襲	早乙女勝元
日本の中世を歩く	五味文彦
アマテラスの誕生	溝口睦子
中国残留邦人	井出孫六
証言 沖縄「集団自決」	謝花直美
幕末の大奥 天璋院と薩摩藩	畑尚子
金・銀・銅の日本史	村上隆
武田信玄と勝頼	鴨川達夫
邪馬台国論争	佐伯有清
歴史のなかの天皇	吉田孝
日本の誕生	吉田孝
沖縄現代史〔新版〕	新崎盛暉
戦後史	中村政則
環境考古学への招待	松井章
日本人の歴史意識	阿部謹也
飛鳥	和田萃

岩波新書より

奈良の寺　奈良文化財研究所編
植民地朝鮮の日本人　高崎宗司
漂着船物語　大庭脩
東西／南北考　赤坂憲雄
日本文化の歴史　尾藤正英
日本の神々　谷川健一
日本の地名　谷川健一
南京事件　笠原十九司
裏日本　古厩忠夫
日本社会の歴史　上・中・下　網野善彦
日本中世の民衆像　網野善彦
絵地図の世界像　応地利明
古都発掘　田中琢編
宣教師ニコライと明治日本　中村健之介
神仏習合　義江彰夫
謎解き　洛中洛外図　黒田日出男
韓国併合　海野福寿
従軍慰安婦　吉見義明

中世に生きる女たち　脇田晴子
琉球王国　高良倉吉
平泉　よみがえる中世都市　斉藤利男
暮らしの中の太平洋戦争　山中恒
ルソン戦—死の谷　阿利莫二
江戸名物評判記案内　中野三敏
徴兵制　大江志乃夫
田中正造　由井正臣
日本文化史〔第二版〕　家永三郎
原爆に夫を奪われて　神田三亀男編
神々の明治維新　安丸良夫
神の民俗誌　宮田登
漂海民　羽原又吉
天保の義民　松好貞夫
太平洋海戦史　高木惣吉
太平洋戦争陸戦概史　林三郎
世界史のなかの明治維新　芝原拓自
昭和史〔新版〕　遠山茂樹・今井清一・藤原彰

管野すが　絲屋寿雄
福沢諭吉　小泉信三
吉田松陰　奈良本辰也
大岡越前守忠相　大石慎三郎
江戸時代　北島正元
織田信長　鈴木良一
豊臣秀吉　鈴木良一
京都　林屋辰三郎
日本国家の起源　井上光貞
日本の歴史　上・中・下　井上清
天皇の祭祀　村上重良
米軍と農民　阿波根昌鴻
伝説　柳田国男
岩波新書の歴史　付・総目録 1938-2006　鹿野政直

シリーズ日本近世史

戦国乱世から太平の世へ　藤井讓治
村　百姓たちの近世　水本邦彦
天下泰平の時代　高埜利彦

世界史

岩波新書より

ペスト大流行	村上陽一郎
中世ローマ帝国	渡辺金一
インカ帝国	泉靖一
中国の隠者	富士正晴
漢の武帝	吉川幸次郎
魔女狩り	森島恒雄
十字軍	橋口倫介
ヨーロッパとは何か	増田四郎
世界史概観 上・下	H・G・ウェルズ 長谷部文雄 阿部知二 訳
歴史とは何か	E・H・カー 清水幾太郎 訳
知識人と政治	脇圭平
アラビアのロレンス〔改訂版〕	中野好夫
シリーズ中国近現代史	
清朝と近代世界	吉澤誠一郎
近代国家への模索	川島真
革命とナショナリズム	石川禎浩
社会主義への挑戦	久保亨
開発主義の時代へ	高原明生 前田宏子

岩波新書より

宗教

高野山　松長有慶
密教　松長有慶
マルティン・ルター　徳善義和
教科書の中の宗教　藤原聖子
『教行信証』を読む 親鸞の世界へ　山折哲雄
親鸞をよむ　山折哲雄
国家神道と日本人　島薗進
聖書の読み方　大貫隆
寺よ、変われ　高橋卓志
日本宗教史　末木文美士
法華経入門　菅野博史
イスラム教入門　中村廣治郎
ジャンヌ・ダルクと蓮如　大谷暢順
キリスト教と笑い　宮田光雄
モーセ　浅野順一
蓮如　五木寛之
仏教入門　三枝充悳
お伊勢まいり　西垣晴次
慰霊と招魂　村上重良
国家神道　村上重良
お経の話　渡辺照宏
日本の仏教　渡辺照宏
仏教〔第二版〕　渡辺照宏
内村鑑三　鈴木範久
親鸞　野間宏
禅と日本文化　鈴木大拙　北川桃雄訳

心理・精神医学

トラウマ　宮地尚子
自閉症スペクトラム障害　平岩幹男
自殺予防　高橋祥友
だます心 だまされる心　安斎育郎
痴呆を生きるということ　小澤勲
〈こころ〉の定点観測　なだいなだ編著
純愛時代　大平健
やさしさの精神病理　大平健
豊かさの精神病理　大平健
快適睡眠のすすめ　堀忠雄
精神病　笠原嘉
生涯発達の心理学　高橋惠子　波多野誼余夫
心病める人たち　石川信義
コンプレックス　河合隼雄
日本人の心理　南博

岩波新書より

文学

現代秀歌　永田和宏
近代秀歌　永田和宏
俳人漱石　坪内稔典
正岡子規　言葉と生きる　坪内稔典
季語集　坪内稔典
言葉と歩く日記　多和田葉子
杜甫　川合康三
白楽天　川合康三
古典力　齋藤孝
読書力　齋藤孝
食べるギリシア人　丹下和彦
和本のすすめ　中野三敏
老いの歌　小高賢
魯迅　藤井省三
ラテンアメリカ十大小説　木村榮一
王朝文学の楽しみ　尾崎左永子
文学フシギ帖　池内紀
ヴァレリー　清水徹

ぼくらの言葉塾　ねじめ正一
わが戦後俳句史　金子兜太
季語の誕生　宮坂静生
和歌とは何か　渡部泰明
ミステリーの人間学　廣野由美子
小林多喜二　ノーマ・フィールド
いくさ物語の世界　日下力
論語入門　井波律子
中国の五大小説　上　三国志演義・西遊記　井波律子
中国の五大小説　下　水滸伝・金瓶梅・紅楼夢　井波律子
中国文章家列伝　井波律子
三国志演義　井波律子
折々のうた　大岡信
新折々のうた　総索引　大岡信編
中国名文選　興膳宏
アラビアンナイト　西尾哲夫
グリム童話の世界　高橋義人
ホメーロスの英雄叙事詩　高津春繁

小説の読み書き　佐藤正午
チェーホフ　浦雅春
英語でよむ万葉集　リービ英雄
源氏物語の世界　日向一雅
花のある暮らし　栗田勇
一億三千万人のための小説教室　高橋源一郎
ダルタニャンの生涯　佐藤賢一
漢詩　松浦友久
花を旅する　栗田勇
一葉の四季　森まゆみ
翻訳はいかにすべきか　柳瀬尚紀
太宰治　細谷博
短歌パラダイス　小林恭二
歌い来しかた　近藤芳美
隅田川の文学　久保田淳
漱石を書く　島田雅彦
短歌をよむ　俵万智
西行　高橋英夫
新しい文学のために　大江健三郎

岩波新書より

岩波新書より

飯舘村は負けない　千葉悦子・松野光伸
夢よりも深い覚醒へ　大澤真幸
不可能性の時代　大澤真幸
3・11 複合被災　外岡秀俊
子どもの声を社会へ　桜井智恵子
就職とは何か　森岡孝二
働きすぎの時代　森岡孝二
日本のデザイン　原研哉
ポジティヴ・アクション　辻村みよ子
脱原子力社会へ　長谷川公一
希望は絶望のど真ん中に　むのたけじ
戦争絶滅へ、人間復活へ　むのたけじ・黒岩比佐子 聞き手
福島 原発と人びと　広河隆一
アスベスト 広がる被害　大島秀利
原発を終わらせる　石橋克彦編
日本の食糧が危ない　中村靖彦
ウォーター・ビジネス　中村靖彦
勲章 知られざる素顔　栗原俊雄
生き方の不平等　白波瀬佐和子

同性愛と異性愛　風間孝・河口和也
居住の貧困　本間義人
贅沢の条件　山田登世子
ブランドの条件　山田登世子
新しい労働社会　濱口桂一郎
世代間連帯　上野千鶴子・辻元清美
当事者主権　中西正司・上野千鶴子
道路をどうするか　五十嵐敬喜・小川明雄
建築紛争　五十嵐敬喜・小川明雄
ルポ 労働と戦争　島本慈子
戦争で死ぬ、ということ　島本慈子
ルポ 解雇　島本慈子
子どもへの性的虐待　森田ゆり
森の力　浜田久美子
テレワーク 「未来型労働」の現実　佐藤彰男
反貧困　湯浅誠
ベースボールの夢　内田隆三
グアムと日本人 戦争を埋立てた楽園　山口誠

少子社会日本　山田昌弘
「悩み」の正体　香山リカ
いまどきの「常識」　香山リカ
若者の法則　香山リカ
変えてゆく勇気　上川あや
定年後　加藤仁
労働ダンピング　中野麻美
誰のための会社にするか　ロナルド・ドーア
安心のファシズム　斎藤貴男
社会学入門　見田宗介
現代社会の理論　見田宗介
冠婚葬祭のひみつ　斎藤美奈子
少年事件に取り組む　藤原正範
まちづくりと景観　田村明
まちづくりの実践　田村明
桜が創った「日本」　佐藤俊樹
生きる意味　上田紀行
ルポ 戦争協力拒否　吉田敏浩
社会起業家　斎藤槙
男女共同参画の時代　鹿嶋敬

岩波新書より

ああダンプ街道　佐久間充
山が消えた 残土・産廃戦争　佐久間充
少年犯罪と向きあう　石井小夜子
自白の心理学　浜田寿美男
原発事故はなぜくりかえすのか　高木仁三郎
プルトニウムの恐怖　高木仁三郎
能力主義と企業社会　熊沢誠
証言 水俣病　栗原彬編
コンクリートが危ない　小林一輔
東京国税局査察部　立石勝規
バリアフリーをつくる　光野有次
ドキュメント 屠場　鎌田慧
現代社会と教育　堀尾輝久
原発事故を問う　七沢潔
災害救援　野田正彰
ボランティア もうひとつの情報社会　金子郁容
スパイの世界　中薗英助
都市開発を考える　大野輝之／レイコ・ハベ・エバンス

ディズニーランドという聖地　能登路雅子
原発はなぜ危険か　田中三彦
世直しの倫理と論理 上・下　小田実
異邦人は君ヶ代丸に乗って　金賛汀
読書と社会科学　内田義彦
資本論の世界　内田義彦
社会認識の歩み　内田義彦
科学文明に未来はあるか　野坂昭如編著
働くことの意味　清水正徳
一九六〇年五月一九日　日高六郎編
暗い谷間の労働運動　大河内一男
住宅貧乏物語　早川和男
食品を見わける　磯部晶策
社会科学における人間　大塚久雄
社会科学の方法　大塚久雄
農の情景　杉浦明平
ルポルタージュ 台風十三号始末記　杉浦明平
日本人とすまい　上田篤
自動車の社会的費用　宇沢弘文

「成田」とは何か　宇沢弘文
戦没農民兵士の手紙　岩手県農村文化懇談会編
ものいわぬ農民　大牟羅良
死の灰と闘う科学者　三宅泰雄
ユダヤ人　J-P・サルトル 安堂信也訳

岩波新書/最新刊から

1653 グローバル・ジャーナリズム
―国際スクープの舞台裏―
澤 康臣 著
国境を越えて埋もれる悪を、いかに追い詰めていくか。調査報道の最前線にいる各国記者たちの素顔、取材秘技やネットワークに迫る。

1654 モラルの起源
―実験社会科学からの問い―
亀田達也 著
「群れ仕様」に進化してきたヒトの心。異なるモラルが衝突するグローバル社会にどう対応するか。文理の枠を越えた意欲作。

1655 『レ・ミゼラブル』の世界
西永良成 著
膨大な蘊蓄にこそ『レ・ミゼラブル』の魅力はある。伝記とともに作品の成立過程をたどり、大作に織り込まれたユゴーの思想を繙く。

1656 作家的覚書
髙村 薫 著
「図書」誌上での好評連載を中心に編む時評集。日本がルビコンを渡った決定的時期の覚書として、特別な意味をもつ一冊である。

1657 ミクロ経済学入門の入門
坂井豊貴 著
ミクロ経済学はシンプルで前提知識を要しない、非常に学びやすい学問だ。数式は使わず、コンパクトな図で説明する「入門の入門」。

1658 日中漂流
―グローバル・パワーはどこへ向かうか―
毛里和子 著
二一世紀の日中関係は転換期を迎えている。日本は、新たな大国と化した中国とどう向き合うのか。米中関係なども視野に入れ分析。

1659 異才、発見！
―枠を飛び出す子どもたち―
伊藤史織 著
「異才発掘プロジェクト」は、障害を理由に教育現場から疎外されてきた子どもの学びを応援してきた。本当の教育がいま、問われる。

1660 正岡子規 人生のことば
復本一郎 著
泣く、笑う、希む、識る、叱る、進む……。著作・書簡から人間味あふれる子規の言葉を紹介し、今を生きるヒントを見つけだす。

(2017.5)